품위 있게 나이 드는 법

CATO MAIOR DE SENECTURE

어른의
시간

일러두기

이 책은 마르쿠스 툴리우스 키케로의 《Cato Maior De Senectute(노년에 대하여)》를 원전으로 삼아, 총 85절의 내용을 주제에 따라 재구성한 것이다. 원전에 해당하는 절 번호는 차례에 함께 표기하여 필요에 따라 원문을 찾아 읽을 수 있도록 했다.

본문의 색깔 있는 작은 글씨는 옮긴이가 붙인 주석이다. 흐름을 따라 읽고 싶다면 건너뛰어도 무방하다.

필로클래식

품위 있게 나이 드는 법

CATO MAIOR DE SENECTURE

어른의 시간

마르쿠스 툴리우스 키케로 지음
신형태 옮김

지식여행

《어른의 시간》을 읽는 길잡이

키케로가 이 책을 쓴 것은 기원전 44년, 그의 삶이 깊은 혼란 속에 놓여 있던 때였다. 당시 62세였던 그는 정치적으로는 카이사르의 독재 아래 공적 활동에서 배제되었고, 개인적으로는 사랑하는 무남독녀를 잃은 슬픔을 막 겪은 뒤였다. 키케로는 이 고통 속에서 철학 저술에 몰두했으며, 그해 여러 작품을 연달아 완성했다. 이 책은 그 가운데 하나로, 오랜 친구 아티쿠스에게 건네는 조용한 편지처럼 시작된다.

대화의 무대는 기원전 150년, 84세의 원로 정치가 카토의 집이다. 젊은 친구 스키피오(35세)와 라엘리우스(36세)가 찾아와 나이 듦에 대한 생각을 묻고, 카토는 차분한 어조로 이야기를 이어 간다. 세 사람은 모두 실제 역사 속 인물들이다. 카토는 절제와 성실함으로 공화정의 가치를 지켜 온 정치가였고, 스키피오는 장차 카르타고를 멸망시킬 장군이 되며, 라엘리우스는 키케로의 또 다른 작품 《우정에 대하여(De Amicitia)》의 중심인물이다. 키케로는 이 세 인물을 통해 나이 듦에 대한 자신의 생각을 자연스럽고도 설득력 있게 펼쳐 보인다.

이 작품이 대화 형식을 취한 것은 우연이 아니다. 키케로는 나이 듦을 설명하거나 가르치려 들지 않는다. 대신 질문하고 답하는 리듬 속에서, 독자가 스스로 나이 듦의 의미를 발견하도록 이끈다. 이는 고대 로마 지식인들이 선호한 철학적 방식이자 삶의 문제를 가장 인간적인 언어로 풀어내는 길이었다.

《어른의 시간》이 다루는 주제는 단순하다. 사람들은 왜 나이 드는 일을 두려워하는가? 키케로는 나이 듦을 둘러싼 네 가지 흔한 불안—역할을 잃는다는 걱정, 몸이 약해질 것이라는 두려움, 즐거움이 사라진다는 생각, 죽음이 가까워진다는 불안—을 하나씩 꺼내어 차분하게 뒤집어 본다. 그의 논증은 과장 없이 현실적이고, 철학적이면서도 실천적이다. 그리스 철학자들의 영향을 받았지만, 로마 시민으로서의 경험과 신념이 바탕이 되어 독창적인 울림을 만들어 낸다.

이 책이 2천 년이 지난 오늘에도 여전히 생생하게 읽히는 이유가 바로 여기에 있다. 키케로는 추상적인 이론이 아니라 '어떻게 나이 들 것인가'라는 질문을 던진다. 그리고 이렇게 말한다. 나이 듦은 무너지는 시간이 아니라 삶의 방식이 달라지고 기쁨의 결이 깊어지는 또 하나의 단계라고. 바로 이런 점에서 이 한국어판이 담고 있는 의미가 선명해진다. 나이 듦을 소멸이나 후퇴로 보지 않고 삶이 품위와 깊이를 더해 가는 '어른의 시간'으로 이해하는 관점—이는 키케로가 남긴 가장 근본적인 통찰이자 오늘 우리에게 필요한 언어이기도 하다.

나이가 들수록 삶이 무겁게 느껴지는 시대를 살아가는 우리에게, 이 메시지는 단순한 위로를 넘어 새로운 태도를 제안한다. 어떻게 품위 있게 나이 들 것인가, 어떻게 끝까지 자기 삶의 주인으로 남을 것인가. 이 질문은 오늘의 독자에게도 유효하며, 그래서 이 고전은 여전히 현재형으로 숨 쉬고 있다.

이제 우리는 카토와 함께 대화를 시작할 준비가 되었다. 아티쿠스에게 보내는 짧은 인사를 지나면 고대의 세 인물이 나누는 말 너머로 우리가 던져 왔던 질문들이 보이기 시작할 것이다. 그 질문들 속에서 독자는 각자의 속도로, 자기 삶의 어떤 자리로든 조용히 닿게 될 것이다.

옮긴이 신형태

차례

한 친구에게 보내는 편지

오 티투스여, 만약 내가 지금 당신 가슴속을 파고드는 그 근심을 조금이라도 덜어드릴 수 있다면, 이보다 큰 상이 어디 있겠습니까? 로마 서사시의 아버지 엔니우스의 작품에서 인용.

아티쿠스 키케로의 평생 친구여, 나는 이 시구를 그대로 자네에게 건네고 싶네. 시인은 티투스 플라미니누스 그리스를 해방시킨 로마 장군를 두고

제신은 적었으나, 충성과 믿음이 넘치는 사람

이라 노래했지. 물론 나는 잘 알고 있네. 자네는 플라미니누스처럼

밤낮으로 근심에 시달리는 사람

이 아니라는 것을.

나는 언제나 자네의 절제력과 고른 마음가짐을 알고 있네. 아테네에서 로마로 가져온 것이 단지 이름뿐 아니라, 교양과

현명함까지 더해졌다는 사실 역시 말일세.

그럼에도 요즘 내가 겪는 여러 근심—정치의 혼란이든 개인적인 슬픔이든—이 자네 마음에도 때때로 그림자처럼 드리워지지 않을까 염려되는군. 하지만 지금 이 자리에서 그 이야기를 길게 나누지는 않겠네. 위안이 필요한 순간은 다른 때에도 있으니까.

지금 내가 자네에게 먼저 들려주고 싶은 것은 '나이 듦'에 대한 나의 생각일세. 자네와 나는 이미 이 시기의 짐을 함께 지고 있으니, 그 무게를 조금이나마 가볍게 하고 싶은 마음이네. 물론 나는 알고 있지. 자네가 언제나 그랬듯, 이 시기 또한 절제와 지혜로 받아들일 사람이라는 것을. 자네는 그 어떤 일에도 지나치지 않고, 주어진 몫을 묵묵히 감당해 내는 사람이니까.

그런데도 내가 나이 듦에 관해 글을 쓰려 했을 때 가장 먼저 떠오른 사람이 바로 자네였네. 이 주제는 우리 둘이 함께 나눌 만한 이야기이기도 하니까.

이 작은 책이 자네와 나, 우리 둘 모두에게 의미 있는 선물이 되기를 바란다네. 이 글을 쓰는 동안 나는 나이 듦이 가져오는 여러 불편함을 잠시 잊을 수 있었지. 아니, 단순히 잊은 것이 아니라, 오히려 이 시기가 더 부드럽고 더 깊은 즐거움을 품은 시간임을 깨닫게 되었네.

그러니 철학은 아무리 칭송해도 지나치지 않지. 지혜를 사랑하고 그 가르침을 따르는 이에게는, 삶의 어느 때든 크게 흔들리지 않을 힘이 주어지니까.

다른 주제들은 우리가 이미 여러 번 이야기했고, 앞으로도 계속 나누게 될 걸세. 그래서 이번에는 이 '나이 듦'이라는 하나의 주제를 자네에게 보내기로 했네.

나는 이 대화를 신화 속 인물 티토노스그리스 신화에서 새벽의 여신 에오스에게 사랑받아 영원한 삶을 받았으나, 늙음은 면치 못해 고통받은 인물에게 맡기지 않았네. 키오스의 아리스토그리스 키오스섬 출신의 철학자가 예전에 그런 방식을 썼지만, 나는 따르지 않았지. 신화 속 인물의 입을 빌리면 이 주제가 지닌 현실의 무게를 충분히 전할 수 없다고 보았기 때문일세.

그래서 나는 더 큰 권위를 지닌 사람, 곧 나이 든 마르쿠스 카토에게 이 대화를 맡기기로 했네. 이 주제를 말하기에 그보다 더 적합한 사람도 없지 않겠나. 나는 스키피오와 라엘리우스가 카토 앞에 앉아, 그가 어떻게 그토록 태연하게 나이 듦을 견뎌 내는지를 묻고, 카토가 조용하고 정제된 어조로 답을 건네는 모습으로 꾸며 보았네.

혹 이 글 속의 카토가 그가 남긴 다른 저작보다 더 학문적이고 다듬어진 인물처럼 보인다면, 그것은 그가 말년에 특히 깊이 탐구했던 그리스 문학의 영향 때문일세. 이미 널리 알려진 사실이지.

이제 나는 카토의 목소리를 빌려, 내가 오래 품어 온 '나이 듦'에 대한 생각을 자연스레 펼쳐 보이도록 하겠네.

등장인물

카토(마르쿠스 포르키우스 카토)

농민 출신의 정치가·문인·변론가. 로마의 전통적 가치를 지킨 인물로, 절제와 검약, 강직함의 상징. 이 책에서는 84세의 원로로서 '품위 있게 나이 드는 법'을 들려준다.

스키피오(푸블리우스 코르넬리우스 스키피오 아이밀리아누스 아프리카누스 미노르)

탁월한 무장(武將)이자 그리스 문학을 사랑한 청년 정치가. 카토의 오랜 후배이자 라엘리우스의 절친한 벗. 장차 카르타고를 멸망시킬 인물이기도 하다.

라엘리우스(가이우스 라엘리우스)

스키피오의 친구. 온화한 성품과 지혜로 '현인(賢人)'이라 불렸다. 키케로의 또 다른 저작 《우정에 대하여》의 주인공이기도 하다.

대화를 시작하다

나이 듦에 대한 첫 질문들

스키피오 카토 님, 라엘리우스와 저는 늘 한 가지에 깊이 감탄합니다.

당신께서는 모든 면에서 탁월한 지혜를 지니셨지만, 무엇보다 나이 듦을 결코 무거운 짐으로 여기지 않으시는 태도에 늘 놀랍니다. 대부분 사람은 나이 듦을 에트나산 시칠리아섬의 활화산으로 고대 문헌에서 '엄청난 무게·짐'을 비유할 때 자주 등장한다보다 더 무거운 짐처럼 여기며 불평을 쏟아내지 않습니까.

카토 스키피오, 라엘리우스. 자네들은 내가 대단한 일을 해낸 것처럼 말하지만 실은 그럴 것이 못 되네.

좋은 삶과 행복을 자기 안에서 찾을 줄 아는 사람에게는 자연이 허락한 그 어떤 단계도—태어나고, 자라고, 나이 들고, 마침내 사라지는 일까지—괴로움이 되지 않지. 나이 듦도 그 여러 단계 가운데 하나일 뿐일세. 그런데 사람들은 오래 살기를 바라면서도 막상 나이가 들면 불평을 늘어놓으니 이 얼마나 모순된 일인가.

사람들은 "노년이 생각보다 훨씬 빨리 찾아왔다"고들 말하지. 하지만 누가 그들에게 그런 생각을 심어 주었단 말인가? 청년기가 장년기보다 느리게 지나갔는가? 장년기가 어린 시절보다 오래 머물렀는가? 그리고 80년을 살든 800년을 살든, 이미 지나가 버린 세월에서 위안을 얻지 못한다면 그 사람에게 나이 듦이 덜 무거워지기라도 하겠는가?

그러니 자네들이 내 지혜를 높게 평가한다면—그리고 그 평가가 자네들의 기대와 내 이름에 걸맞기를 바라지만—적어도 이 점에서만큼은 우리가 정말로 현명하다고 말할 수 있네. 우리는 자연을 최고의 안내자로 삼고, 마치 신의 뜻을 따르듯 자연의 섭리에 순응하며 살아야 한다는 점에서 말일세.
자연이 인생의 여러 단계를 그렇게 훌륭하게 짜 놓았는데, 마지막 막만을 서툰 극작가처럼 어설프게 마무리했을 리는 없지 않겠나. 게다가 마지막 장면은 반드시 있어야 하네.
나무의 열매가 때가 되면 익어 떨어지고, 땅의 결실이 철이 되면 조용히 내려앉듯, 노년 역시 삶이 완숙해지고 서서히 사그라지는 자연스러운 시기일 뿐이지. 지혜로운 사람이라면 이를 부드럽게 받아들일 수 있어야 하네. 자연의 섭리와 맞서려 하는 것은 거인이 신들과 맞서 싸우려 드는 것과

다를 바가 없지 않겠나. 그만큼 무의미한 일이네.

라엘리우스 그렇습니다, 카토 님. 그런데 하나 부탁드릴 것이 있습니다. 저희 둘은—특히 이 스키피오를 위해서라도—오래도록 건강하고 온전하게 나이 들기를 바라고 있습니다. 그러니 괜찮으시다면, 저희가 미리 배워 두어야 할 것들, 다가오는 나이 듦을 가장 잘 견디는 방법들을 말씀해 주실 수 있겠습니까? 그렇다면 저희에게 정말 큰 기쁨이 될 것입니다.

카토 물론이지, 라엘리우스. 자네들이 원한다면 기꺼이 이야기해 주겠네.

라엘리우스 정말 감사합니다. 카토 님께서는 이미 먼 여정을 걸어오셨고, 저희도 언젠가는 반드시 그 길을 걸어가야 하지요. 그러니 그 길이 어떤 것인지, 부디 저희에게 알려 주십시오.

카토 할 수 있는 한 해보겠네, 라엘리우스. 나는 자주 내 또래 사람들의 불평을 들었지. 옛말대로, 비슷한 나이끼리 가장 쉽게 모이기 마련이니까. 가이우스 살리나토르기원전 188년 집정관나 스푸리우스 알비누스기원전 186년 집정관처럼, 나와 거의 동갑인 집정관들도 늘 한탄을 늘어놓곤 했네.

하나는, 쾌락을 더 이상 누릴 수 없다는 것, 그래서 쾌락이 없으면 삶이 아무것도 아니라고 여긴다는 불만이었지. 또 하나는, 예전에는 자신들을 공경하던 사람들이 이제는 제대로 대접해 주지 않는다는 하소연이었네.

하지만 내 생각엔, 그들은 정작 비난해야 할 것을 비난하지 않고 있었네. 정말 그것이 나이 듦 그 자체의 잘못이라면, 나에게도 그리고 모든 어른에게도 똑같이 일어났어야 하지 않겠나? 하지만 그렇지 않지. 나는 불평 한마디 없이 이 시기를 잘 견디는 이들을 많이 보아 왔네. 그들은 욕망의 사슬에서 벗어난 것을 괴로워하지도 않았고, 사람들에게 무시당한다고 불평하지도 않았지.

결국 이런 불평은 나이가 아니라 성격 탓이네. 절제 있고 까다롭지 않으며 무뚝뚝하지 않은 사람은 노년도 충분히 견딜 만하게 보내지만, 반대로 횡포하고 무례한 성정은 어느 나이든 괴로움의 원인일 뿐이네.

라엘리우스 말씀하신 대로입니다, 카토 님. 하지만 이렇게 말하는 사람들도 있습니다. "당신의 재산과 명성, 지위 덕분에 나이 듦이 덜 힘들어 보일 뿐이다. 그런 것들을 가진 사람은 극소수다." 이런 이들에게는 뭐라고 답하시겠습니까?

카토 그 말에도 어느 정도 일리는 있네, 라엘리우스. 하지만 그게 전부는 아니지.

테미스토클레스아테네의 정치가·장군으로, 살라미스 해전 승리를 이끌었다의 세리포스 사람의 일화를 떠올려 보게. 그 세리포스 사람이 "당신의 명성은 당신의 능력 때문이 아니라 아테네라는 훌륭한 도시 덕분입니다"라고 말했지. 그러자 테미스토클레스가 이렇게 대답했다네.

"맞네. 내가 세리포스 사람이었다면 유명해지지 못했을 걸세. 하지만 자네가 아테네 사람이었다 해도 유명해지지 못했을 걸세."

나이 듦도 그와 비슷하네. 극심한 가난 속에서는 현자에게도 이 시기가 가볍기 어렵지. 하지만 어리석은 사람은 최고의 풍요 속에서도 편안한 노년을 누리지 못하네.

스키피오, 라엘리우스, 나이 듦을 위한 가장 훌륭한 준비는 덕을 익히고 그 기술을 평생 단련하는 일일세. 그것을 갈고닦은 사람은 오래 살았을 때 비로소 놀라운 열매를 얻게 되지.

덕은 마지막 순간까지도 우리 곁을 떠나지 않을 뿐 아니라, 잘 살아왔다는 확신과 그동안 행한 선행들의 기억을 가장 깊은 위안으로 남겨 주기 때문이네.

나는 젊은 시절, 타렌툼을 되찾은 퀸투스 파비우스 막시무스 '지연전술'로 한니발을 약화시킨 로마 장군. 카토는 파비우스가 죽었을 때 서른 살 안팎이었다 를 깊이 존경했네. 그분은 이미 노년이었고 나는 젊은 병사였지만, 위엄과 온화함을 함께 지닌 모습이 마치 동년배처럼 느껴질 만큼 생생했지. 세월이 흘러도 그분의 성품은 조금도 흐트러지지 않았네.

내가 그분을 따르기 시작했을 무렵, 그분은 이미 적잖은 나이였지. 첫 집정관으로 선출된 해는 내가 태어난 이듬해였고, 네 번째 집정관이 되었을 때 나는 젊은 군인으로 그분과 함께 카푸아로 갔네. 그로부터 5년 뒤에는 타렌툼으로 함께 진군했고, 또 4년 뒤, 투디타누스와 케테구스가 집정관이던 해에 나는 재무관이 되었지.
그때 그분은 상당한 연배였지만, 킨키우스 법법정 변호의 목적으로 뇌물이나 선물을 받는 것을 금지한 법을 지지하며 줄곧 단호한 성품을 유지했네. 노년에도 전장에서 청년처럼 싸웠고, 젊음으로 들떠 있던 한니발의 기세를 인내로 꺾었지. 우리 친구 엔니우스는 그분에 대해 이렇게 노래했네.

한 사람의 인내가 우리나라를 구했네.
그는 명성보다 로마의 안전을 앞세웠으니,
지금 그의 영광이 더욱 빛나도다.

타렌툼을 되찾은 파비우스의 신중함과 지략은 정말 놀라웠네. 나는 그 일과 관련해 들은 이야기가 하나 있지.
타렌툼을 잃고 성채로 도망쳤던 사령관 가이우스 살리나토르가 이렇게 말했네. "퀸투스 파비우스, 당신이 타렌툼을 되찾은 건 내 덕분이오." 그러자 파비우스가 웃으며 대답했지. "물론이지. 자네가 잃어버리지 않았다면, 내가 되찾을 일도 없었을 테니까."

그는 전쟁터에서만 뛰어난 사람이 아니었네. 토가를 입고 정무를 볼 때에도 빼어난 인물이었지. 두 번째 집정관 시절, 호민관 가이우스 플라미니우스가 피케눔과 갈리아에서 확보한 땅을 원로원의 반대를 무릅쓰고 민중에게 나누어 주려 하자, 동료 집정관 스푸리우스 카르빌리우스가 침묵하는 동안, 파비우스는 끝까지 그 정책에 맞섰네.

그는 점복관 새의 비행이나 행동을 관찰하여 신들의 뜻을 해석하는 로마의 제관으로, 중요한 국가 행사는 점복관의 승인이 필요했다 의 직책을 맡았을 때도 주저함이 없었지. 국가의 이익을 위해 추진되는 일은 언제나 좋은 징조 아래 이루어지는 것이고, 국가의 안전을 해치는 제안은 그 자체로 나쁜 징조라고 과감히 말하던 사람이었네.

나는 파비우스에게서 여러 훌륭한 덕을 보았지만, 그 가운데 가장 경탄스러운 것은 집정관까지 지냈을 만큼 뛰어났던 아들의 죽음을 담담히 견뎌 낸 그의 태도였네. 그 아들을 기리며 남긴 추도사는 지금도 우리에게 전해지지. 그 글을 읽으면 어떤 철학자라도 부끄러움을 느끼지 않을 수 없을 걸세.

파비우스는 공적인 자리에서만 위대한 인물이 아니었네. 오히려 집 안에서 더 빛나는 사람이었지. 대화와 가르침 속에서 드러나는 통찰, 고대사에 대한 폭넓은 지식, 점복법과 종교의식에 관한 깊은 식견, 그리고 로마인에게는 드물었던 문학적 교양까지 고루 갖추었기 때문일세.

국내 전쟁뿐 아니라 외국에서 벌어진 전쟁까지, 그는 모든 일을 놀라울 만큼 정확히 기억하고 있었네. 그래서 나는 그의 말을 누구보다 열심히 들었지. 마음속으로 이미 느끼고 있었던 것처럼—그리고 결국 실제로 그렇게 되었지만—그분이 세상을 떠나면 더 배울 사람이 남지 않으리라는 예감 때문이었네.

그런데 내가 왜 파비우스에 대해 이렇게 길게 이야기했겠는가? 자네들도 잘 알겠지만, 그런 노년을 불행하다고 부르는 건 거의 신성모독에 가까운 일이기 때문일세.

물론 모든 사람이 스키피오이 책에 등장하는 젊은 스키피오의 조부, 아프리카누스 나 파비우스처럼 정복한 도시들, 육지와 바다에서 치른 전투들, 자신이 이끈 전쟁과 개선식을 떠올릴 수는 없지. 그러나 그것만이 훌륭한 나이 듦의 표지는 아니네. 조용하고 순수하며 품위 있게 살아온 사람들에게도 그 나름의 평온하고 온화한 시간이 있는 법이지.

플라톤을 보게. 그는 81세까지 글을 쓰다 생을 마쳤지. 이소크라테스 아테네의 웅변가이자 수사학 교사 는《파나테나이코스》를 쓸 때 이미 94세였다고 스스로 말했고, 그 뒤로도 5년을 더 살았네. 그의 스승, 레온티노이의 고르기아스 시칠리아 출신의 소피스트이자 수사학 교사 는 107세에 이르기까지 연구와 글을 단 한 번도 놓지 않았지. 누군가 그에게 왜 그토록 오래 살고자 하느냐고 묻자, 그는 이렇게 대답했다네.

"노년을 탓할 이유가 전혀 없기 때문이오."

참으로 훌륭하고, 참으로 학자다운 대답이 아닌가!

어리석은 사람들은 자신의 잘못과 허물을 나이 탓으로 돌리기 마련이지. 하지만 앞서 언급한 엔니우스는 결코 그러지 않았네. 그는 승리한 말이 마지막 경주를 마친 뒤 조용히 쉬듯, 자신의 나이 듦을 이렇게 비유했지.

올림피아 경주에서
수차례 승리를 거둔
그 강인한 말이
마지막 경주를 마친 뒤
늙어 조용히 쉬고 있듯이.엔니우스의 자전적 시구로, 자신을 올림픽 우승마에 비유하며 명예로운 은퇴를 표현한 대목이다.

자네들도 그를 분명 기억하고 있을 걸세. 그가 세상을 떠난 지 19년 뒤에 티투스 플라미니누스와 마니우스 아킬리우스가 집정관으로 선출되었으니까.
엔니우스는 카이피오와 필리푸스가 두 번째로 집정관을 지낸 해에 세상을 떠났네. 그때 나는 65세였고, 보코니우스 법여성의 상속을 제한하기 위해 제정된 보수적 입법을 지지하며 여전히 큰 목소리와 튼튼한 폐활량을 자랑하고 있었지. 엔니우스는 70세까지 살면서 사람들이 가장 무겁다고 여기는 두

짐—가난과 노년—을 마치 즐기는 듯한 태도로 견뎌 냈네. 그래서 나는 마음속으로 정리해 보았네. 사람들이 노년을 비참하게 여기는 이유는 결국 이 네 가지 때문이더군.

첫째, 나이 듦은 활동적인 삶에서 멀어지게 한다.
둘째, 나이 듦은 육체를 약하게 만든다.
셋째, 나이 듦은 거의 모든 쾌락을 앗아간다.
넷째, 나이 듦은 죽음과 가까워진다.

만약 괜찮다면, 이제 이 네 가지 이유가 정말 타당한지 하나씩 살펴보도록 하지.

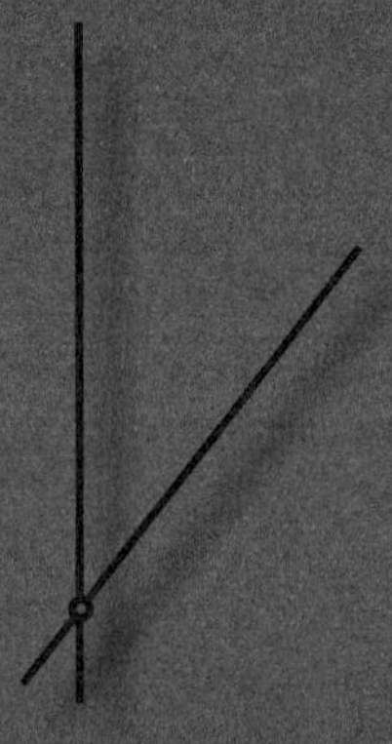

1부

나이 들면 더 이상 역할이 없다?

공적 활동과 영향력에 대한
새로운 시각

01

역할은 변해도 사라지지 않는다

몸이 아니라 정신으로 하는 일은 나이 들어서도 사라지지 않는다.

Non omnis actio corpore fit, sed plurima consilio.

사람들은 흔히 나이 듦이 우리를 활동적인 삶에서 멀어지게 한다고 말하지.

그런데 묻고 싶네. 도대체 어떤 활동을 말하는가? 젊음과 체력에 기대어 몸으로 뛰는 일만을 활동이라 부르는 것인가? 그렇다면 다시 생각해 보아야 하지 않겠는가. 몸이 약해지면 정신으로 해낼 수 있는 일은 정말 아무것도 남지 않는단 말인가? 그렇다면 퀸투스 막시무스는 아무 일도 하지 않은 사람이었단 말인가?

스키피오, 자네의 아버지이자 내 아들의 장인이었던 루키우스 파울루스 기원전 168년, 피드나 전투에서 마케도니아의 페르세우스왕을 물리친 명장를 떠올려 보게. 파브리키우스 기원전 282·278년 집정관, 청렴결백의 전형, 쿠리우스 기원전 290년경 집정관, 검소한 생활의 전형, 코룬카니우스 기원전 280년 집정관, 평민 출신 최초의 대신관 같은 이들 역시 조언과 권위로 나라를 지켜 낸 사람들이네. 그들의 역할을 '아무것도 아님'으로 치부할 수 있겠나?

아피우스 클라우디우스 기원전 307·296년 집정관는 나이 들어 마침내 시력까지 잃었네. 그럼에도 그는 원로원에서, 피로스 에페이로스의 왕으로 이탈리아 남부 그리스 도시들을 돕기 위해 로마와 싸웠다와의 평화와 동맹을 논의하던 중 이렇게 말했지. 엔니우스가 시로 전한 바로 그 구절일세.

어찌하여 자네들의 정신은
예전에는 곧게 서 있던 그 정신이,

지금은 길을 잃고 비틀거리는가?

그는 이 연설 이후에도 준엄한 말을 이어 갔네. 이 연설을 한 때는 두 번째 집정관직에서 물러난 지 17년이나 지난 뒤였지. 첫 집정관과 두 번째 집정관 사이에 10년의 간격이 있었고, 그 이전에는 이미 감찰관을 지냈네. 이 기록만 보아도 피로스 전쟁 당시 그가 얼마나 고령이었는지 짐작할 수 있지 않겠는가?

그러니 나이 듦이 곧 역할의 상실이라는 말에는 아무 근거도 없네. 이는 이런 이야기와 다르지 않지.

배가 풍랑을 만났을 때, 다른 선원들은 돛대에 오르고 갑판을 뛰어다니며 물을 퍼내느라 분주하네. 그런데 키잡이는 고물에 조용히 앉아 있으니, 누군가는 그를 두고 "아무 일도 하지 않는다"고 말하겠지. 하지만 우리는 잘 알고 있네. 배가 어디로 나아갈지를 결정하는 이는 바로 그 키잡이라는 것을. 그의 일은 젊은 선원들의 어떤 분주한 움직임보다도 더 크고 더 중요하지.

위대한 일은 체력이나 속도, 민첩함으로 이루어지지 않네. 조언과 권위, 그리고 올바른 판단이 있어야만 가능하지. 이런 능력은 나이 들수록 사라지는 것이 아니라, 오히려 더 깊어지고 더 단단해지는 법이라네.

02

나이가 만드는 힘, 경험

오래 살아 많은 것을 겪은 노인의 조언만큼 유익한 것은 없다.
Consilium senum, qui diu multumque vixerunt, utilissimum est.

나는 병사로 시작해 호민관과 부관을 거쳐, 집정관으로서는 전쟁의 최고 책임자 역할까지 맡아 왔네. 그렇다고 해서 이제 전쟁터에서 직접 싸우지 않는다는 이유만으로 자네들이 나를 아무 일도 하지 않는 사람처럼 여기지는 않겠지?

나는 지금도 원로원에서 어느 나라에 어떻게 대응해야 하는지를 조언하고, 오래전부터 불순한 의도를 드러내 온 카르타고를 한순간도 경계에서 놓지 않고 있네. 그 도시가 완전히 무너졌다고 확신하기 전까지 나는 그 경계를 결코 거두지 않을 걸세.

스키피오, 불멸의 신들이 자네에게 그 영예를 남겨 두시기를! 자네의 할아버지가 이루지 못한 일카르타고의 멸망을 마침내 자네가 완수할 수 있도록 말일세. 그분이 세상을 떠난 지도 벌써 33년이 지났지만, 세월이 흐를수록 그 이름은 더 크게 빛나지. 그분은 내가 감찰관이 되기 1년 전, 그리고 집정관에서 물러난 지 9년 뒤에 세상을 떠났네. 두 번째 집정관으로 선출되신 것도 바로 내가 집정관이었을 때였지.

그런 분이 만약 100세까지 사셨다면, 과연 나이 듦을 후회했겠는가? 달리기나 뛰기, 창 던지는 일은 더 이상 하지 못했을지라도 조언과 이성, 판단으로는 얼마든지 공동체를 이끌 수 있었을 걸세.

만약 노인들에게 이러한 능력이 없다면, 우리 조상들이 나라의 최고 자문 기구를 '원로원(元老院)'이라 부르지는 않았겠지. 그 이름 자체가 곧 '나이 든 이들의 자리'를 뜻하니 말일세.

03

마음이 잃지 않는 것들

기억력은 쓰지 않으면 흐려지지만, 마음은 스스로 놓지 않는 한 결코 무너지지 않는다.
Memoria minuitur nisi exerceatur; animus autem nisi desit, numquam deficit.

스파르타에서는 나라의 가장 중요한 직책을 맡은 이들을 '원로들'이라 불렀네. 그 명칭에는 나이 든 이들이 지닌 신중함과 권위가 자연스럽게 담겨 있지. 다른 나라들의 역사도 살펴보게. 커다란 나라가 젊은이들의 무모함으로 흔들렸다가 다시 어른들의 신중함으로 바로 선 사례는 수없이 많네.

시인 나이비우스로마 최초의 서사시인이자 극작가는 《놀이》에서 이렇게 묻지.

말해 보시오, 어찌하여 그토록 큰 나라를
그렇게 빨리 잃었단 말이오?

그리고 이어서 이렇게 답하네.

새로운 연설가들이 나타났소, 어리석은 젊은 놈들이.

무모함은 젊음의 특징이고, 신중함은 나이 든 이들의 미덕이지.

그런데 사람들은 흔히 말하네. "노인은 기억력이 약해진다"고. 하지만 그건 훈련하지 않았거나 애초에 주의력이 부족했기 때문일 뿐일세. 테미스토클레스는 아테네 시민들의 이름을 거의 모두 외우던 사람이었지. 그가 나이 들었다고 해서 아리스티데스아테네의 정치가이자 장군. 테미스토클레스의 정치적 라이벌를 그의 아버지 리시마쿠스로 착각하겠는가?

나 또한 지금 살아 있는 사람들뿐 아니라 그들의 아버지와 할아버지까지 또렷이 기억하고 있네. 묘비를 읽으면 기억이 흐려진다는 말도 있지만, 내게는 오히려 그 반대라네. 묘비를 마주할수록 그들의 얼굴과 말투, 삶의 장면들이 더욱 선명하게 떠오르지.

솔직히 말해 보게. 자기 재산을 어디에 두었는지 잊어버린 노인을 본 적이 있는가? 사람은 관심 있는 일은 결코 쉽게 잊지 않네. 법정 기일이나 채무 관계처럼 책임이 따르는 일은 누구보다 정확히 기억하지 않는가.

법률가들, 신관들, 점복관들, 철학자들 가운데 오랜 세월 직분을 이어 온 이들을 보게. 그들이 얼마나 많은 사실과 판단을 기억하는지 말일세. 정신은 나이가 들어도 사라지지 않네. 다만 열정과 부지런함이 함께해야 할 뿐이지. 이는 이름난 인물들만의 이야기가 아니라 조용히 살아가는 사람들에게도 똑같이 적용되는 이치일세.

소포클레스아테네의 3대 비극 작가 중 한 명. 90세까지 살며 비극 123편을 남겼다를 보게. 그는 매우 고령에도 비극을 집필했네. 글에 몰두하느라 가산을 소홀히 한다는 이유로 아들들의 고발을 받아 재판까지 받았지만, 그는 법정에서 막 완성한 《콜로노스의 오이디푸스》를 직접 낭독하며 이렇게 물었다네.

“이 작품이 제정신이 아닌 사람이 쓴 글처럼 보이오?”

낭독이 끝나자 판사들은 곧바로 그를 석방했네. 나이가 들어서도 그의 정신과 재능은 조금도 흐려지지 않았다는 사실이 그 한 장면으로 충분히 증명되었기 때문일세.

04

능력의 기준은 나이가 아니다

정신의 힘은 나이가 아니라 배움에 대한 열의와 의지에 있다.
Non aetate sed studio et voluntate vires animi servantur.

소포클레스와 호메로스, 헤시오도스와 시모니데스90세까지 활동한 서정시인, 스테시코로스서정시인, 그리고 앞서 언급한 이소크라테스와 고르기아스레온티노이 출신의 소피스트. 기록에 따르면 100세 전후까지 강연과 교육을 이어 갔다까지—이들은 나이 들었다고 해서 학문을 멈추지 않았네. 피타고라스와 데모크리토스원자론 철학자로 90세 이상 장수했다, 플라톤과 크세노크라테스플라톤 아카데미의 3

대 학장, 그 뒤를 이은 제논스토아학파 창시자과 클레안테스제논의 제자, 그리고 자네들도 로마에서 보았던 스토아학파의 디오게네스 기원전 156년 로마를 방문한 철학자에 이르기까지, 이들 모두는 노년에 접어들어서도 자신의 연구와 탐구를 결코 내려놓지 않았지. 그들에게는 평생을 관통하는 열의가 있었고, 나이 듦은 그 열정을 꺾기엔 부족했네.

하지만 고상한 학문 세계를 잠시 제쳐 두더라도, 나는 사비니 지역로마 북동쪽의 산악 지대로, 카토는 이곳에 농장을 소유했다의 농부들을 떠올리게 되네. 내 오래된 이웃들이기도 한 그들은 나이 들어서도 밭일을 손에서 놓지 않네. 씨를 뿌리고 거두고 저장하는 일, 농사에서 가장 중요한 일들은 대부분 그들의 손을 거쳐 이루어지지. 이 모습이 낯설지 않은 이유도 있네. 누구나 속으로는 "앞으로 한 해쯤은 더 살겠지" 하고 여기기 마련이니까. 그러나 더 놀라운 점은 그들이 앞으로 살아서 보지도 못할 일을 기꺼이 한다는 사실일세.

나무를 심는다, 다음 세대에 도움이 될.

우리의 카이킬리우스 스타티우스기원전 2세기의 로마 희극 작가가 《젊은 동료들》에서 남긴 이 한 줄이 바로 그 마음을 잘 말해 주지. 자기 손으로 열매를 따지 못하리라는 것을 알면서도 미래를 위해 나무를 심는 마음. 그 마음이야말로 나이 듦을 이겨 내는 힘일세.

늙은 농부에게 "누구를 위해 나무를 심느냐"고 물어보면 그는 주저 없이 이렇게 답하지.

"불멸의 신들을 위해서라오. 신들께서는 내가 조상들에게서 받은 것을 여기서 끝내지 말고 후손에게도 전해 주기를 바라시니까요."

카이킬리우스는 미래를 바라보는 노인을 훌륭하게 그렸네. 그는 다시 이렇게 썼지.

헤라클레스께 맹세코, 나이 듦이여,
네가 다른 어떤 해악도 가져오지 않는다 해도,
이것 하나만으로도 충분하구나.

오래 살다 보면 보고 싶지 않은 일들을 많이 보게 되는 것.

하지만 오래 살면 보고 싶은 일도 그만큼 더 많이 보이지 않겠는가? 보고 싶지 않은 일은 젊어서도 얼마든지 겪는 법이지. 그런 점에서 카이킬리우스가 이어서 적은 다음 구절은 판단이 지나치다네.

노년에 가장 비참한 것은 이것이라네.
그 나이에 자기가 젊은이들에게 짐스럽다고 느끼는 것.

짐스럽다고? 그렇지 않네. 현명한 어른은 오히려 기쁨이 되는 존재일세. 훌륭한 품성을 지닌 젊은이들은 지혜로운 어른들과 함께하는 일을 즐거워하네. 젊은이들의 존경과 사랑은 어른의 삶을 가볍게 하고, 어른의 가르침은 젊음을 덕을 향한 공부로 이끌지.

그리고 나는 자네들과 함께할 때 늘 즐겁네. 자네들도 나와 이야기 나누는 시간을 기꺼워한다는 것을 알고 있지. 이것만 보아도 알 수 있네. 나이 듦은 나태와 게으름으로 이어지는 시간이 아니라 오히려 부지런함과 배움이 지속되는 시기라는 것을 말일세.

물론 사람마다 평생 걸어온 삶의 방식은 다르네. 어떤 이들은 나이 들어서도 새로운 배움을 멈추지 않지. 솔론아테네의 입법자이자 시인은 자신의 시에서 이렇게 말했네. "나는 날마다 무언가를 배우며 늙어간다." 나 또한 늦은 나이에 그리스 문학을 배웠지. 오래 눌러 두었던 갈증을 해소하듯 열렬하게 받아들였네. 지금 자네에게 들려주고 있는 이 많은 예들 또한 그때 익힌 지식 덕분일세.

소크라테스가 늦은 나이에 리라고대 그리스의 현악기. 교양 교육의 일부였다를 배웠다는 말을 들었을 때, 나도 배워 보고 싶었네. 비록 나는 리라를 손에 쥐지는 못했지만, 대신 문학에는 온 힘을 다해 매달렸지. 그 또한 나이 듦이 아니라 살아 있는 정신이 선택한 일이었네.

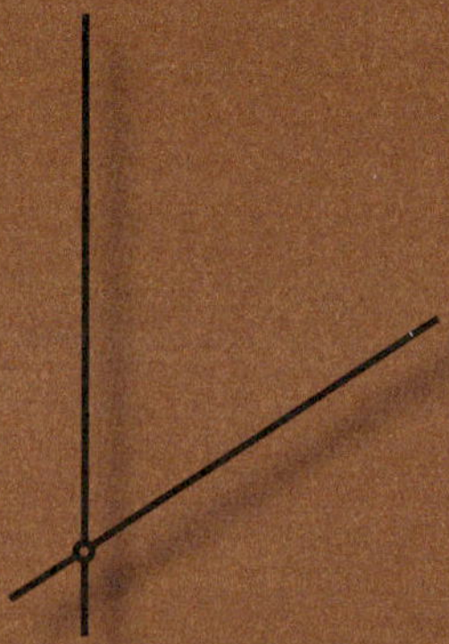

2부

나이 들면 몸이 약해진다?

신체의 변화보다
중요한 마음의 힘

01

몸의 변화는 자연의 질서다

나이를 약하게 만드는 것은 몸이 아니라 마음이다.
Non corpus, sed animus senectutem infirmat.

나는 지금도 청년의 힘을 그리워하지는 않네. 그러나 그것을 나이 듦의 결점이라고 말하고 싶지는 않지. 젊었을 때도 나는 황소나 코끼리 같은 힘을 바라지 않았네. 사람은 누구나 자기에게 주어진 힘으로 그 힘에 걸맞은 역할을 하면 되는 법이니까.

크로톤의 밀론기원전 6세기의 전설적인 그리스 레슬링 선수로, 올림피아에서 여섯 차례나 우승했다이 한 말만큼 어리석은 말도 드물 걸세. 그가 늙어 경기장에서 젊은 선수들을 바라보다가 자기 팔뚝을 내려다보고 눈물을 흘리며 이렇게 말했다지.

"이 팔들은 이미 죽었구나."

아니지, 어리석은 사람이여. 죽은 것은 그의 팔이 아니라 그의 마음일세. 그는 자기 인격이 아니라 팔과 옆구리의 힘으로만 이름을 얻었을 뿐이니까.

반면 섹스투스 아일리우스기원전 198년 집정관, 로마법의 대가로 카토의 스승 중 한 명이다나 그보다 앞선 티베리우스 코룬카니우스, 그리고 비교적 가까운 시대의 푸블리우스 크라수스대신관이자 법률가 같은 이들은 달랐네. 그들은 시민들에게 법을 가르치고 죽기 직전까지도 지혜와 식견을 잃지 않았지. 그들의 명성은 몸이 아니라 정신과 학문에서 비롯된 것이었네.

웅변가들은 나이가 들면 목소리가 쇠약해질까 걱정하지. 목소리는 폐와 기력에 의지하는 것이 사실이니까. 하지만 이상하게도 목소리의 울림은 노년에도 쉽게 사라지지 않네. 나

또한 아직 그것을 잃지 않았고, 자네들도 내 나이를 알고 있지 않나.

물론 노년에는 차분하고 절제된 말투가 더 잘 어울리지. 노련한 어른의 온화한 말은 그 자체로 사람들의 귀를 끌어당기네. 설령 스스로 연설하지 못하게 된다 하더라도, 스키피오와 라엘리우스 같은 젊은이들에게 그것을 가르칠 수는 있지 않겠는가? 젊은이들의 열정으로 둘러싸인 노년, 그보다 더 즐거운 일이 어디 있겠는가.

그리고 누가 말하겠는가. 노년이 젊은이들을 가르치고 각자의 의무를 맡도록 이끌어 주는 힘마저 빼앗아야 한다고. 이것이야말로 노년이 맡을 수 있는 가장 훌륭한 역할 가운데 하나일세.

나는 스키피오 집안의 그나이우스기원전 222년 집정관, 대(大)스키피오의 백부와 푸블리우스기원전 218년 집정관, 대스키피오의 아버지, 그리고 자네 두 할아버지인 루키우스 아이밀리우스로마의 집정관이자 장군, 소(小)스키피오의 친조부와 푸블리우스 아프리카누스를 떠올리면, 그들을 자연스레 둘러싸던 젊은이의 무리가 얼마나 그들의 삶을 빛나게 했는지 지금도 또렷이 기억하네.

배움을 이끈 스승들도 마찬가지지. 몸이 약해졌더라도 평생 쌓아 온 지식과 통찰을 후대에 전할 수 있다면, 그것만으로도 충분히 충만한 삶이라 할 수 있네.

그리고 솔직히 말하자면, 노년의 쇠약함은 대부분 나이 그 자체 때문이 아니네. 젊은 시절의 방종과 절제 부족이 훨씬 더 큰 원인이지. 방탕하게 보낸 청년기는 결국 지쳐 버린 몸을 노년에게 떠넘기는 법이니까.

02

약해졌다고 느낀 적 없다

약해지는 것은 몸이 아니라 마음이 멈출 때다.

Non corpus deest, sed animus desinit.

크세노폰아테네의 문필가의 책에서 키루스 크세노폰의 《키루스의 교육(Cyropaedia)》에 등장하는 페르시아의 이상적 군주는 임종을 앞둔 노년에 이르러 자신은 청년기보다 약해졌다고 느껴 본 적이 없었다고 말하네.

소년 시절에 내가 보았던 루키우스 메텔루스로마 공화정의 유력 가문 출신 정치가로, 대신관을 20년 이상 맡았던 인물도 그러했지. 그는 두 번째 집정관 임기를 마친 뒤 4년이 지나 대신관이 되었고, 22년 동안 그 사제직을 맡아 생의 마지막 순간까지 놀라울 만큼 기운이 넘쳤네. 그러니 그가 청년기를 그리워하지 않았던 것도 당연한 일이었을 걸세.

나 자신에 대해서는 굳이 길게 말하지 않겠네. 노인들은 자기 이야기를 늘어놓기 쉬우니 지금은 자제하도록 하지.

자네들은 호메로스의 시에서 네스토르《일리아스》에 등장하는 시혜로운 노인가 얼마나 자주 자신의 덕행을 말하는지 기억하겠지. 그는 이미 3세대를 살아낸 장수였고, 자기 장점을 이야기한다고 해서 거만해 보일까 두려워하지 않았네.

호메로스는 이렇게 말했지.

> 그의 혀에서는
> 꿀보다 더 달콤한 말이 흘러나왔다.

그 달콤함을 위해서는 어떤 육체의 힘도 필요하지 않았네. 그리스군의 총사령관아가멤논도 아이아스트로이 전쟁의 그리스 영웅,

아킬레스 다음으로 강한 전사 같은 장사 10명보다 네스토르 같은 현자 10명을 원했다고 하지 않던가. 만약 그랬다면 트로이는 훨씬 더 빨리 함락되었을 걸세.

이제 내 이야기를 해보지. 나는 지금 84세네. 키루스처럼 "나는 조금도 약해진 적이 없다"고 말할 수는 없지만 이 정도는 분명히 말할 수 있지.

포에니 전쟁 때 병사로 싸웠을 때, 같은 전쟁에서 재무관으로 일했을 때, 히스파니아에서 집정관으로 활동했을 때, 그리고 마니우스 글라브리오 기원전 191년 집정관가 집정관이었을 때 테르모필라이에서 호민관으로 싸웠을 때—그 시절의 체력은 이제 내게 없네.

그러나 자네들도 보다시피, 나는 노년 때문에 기운을 잃지도 않았고 마음이 꺾이지도 않았네. 원로원도 연단도 친구들도 보호민들도 손님들도 내가 늙었다는 이유로 나의 힘을 의심하지 않지.

나는 오래전부터 이런 속담에는 동의하지 않았네.

"오래 살고 싶다면 일찍 노인이 되어라."

나는 그 반대라네. 일찍 노인이 되기보다 노인으로 있는 시간이 짧기를 바라지. 그래서 말하네. 지금까지 나를 만나려 했던 사람들 가운데, 내가 늙어서 기력이 없어 만나지 못한 사람은 단 한 명도 없었네. 만나지 못했다면 그것은 오직 내가 바빠서였지.

03

나이에 걸맞은 힘

나이에 따라 걸맞은 힘과 아름다움이 있다.
Suam quisque aetatem decenter ferat.

물론 나는 자네들보다 힘이 약한 편이네. 하지만 자네들도 백인대장(百人隊長) 티투스 폰티우스카토와 동시대 인물로, 괴력으로 알려진 군인 같은 힘을 지닌 것은 아니지 않나. 그렇다면 폰티우스가 자네들보다 더 뛰어난 사람이라 할 수 있겠는가?

중요한 것은 힘의 크기가 아니라 자기 능력을 절제하며 알맞게 사용하는 일이네. 그렇게만 할 수 있다면 젊었을 때의 힘을 굳이 애달프게 그리워할 필요는 없지.

올림피아에서 밀론이 황소를 어깨에 짊어지고 경기장을 가로질렀다는 이야기는 잘 알려져 있네. 그렇다면 묻고 싶네. 그 황소를 들어 올릴 수 있는 힘과 피타고라스가 지녔던 정신의 힘 가운데 자네들은 어느 쪽을 선택하겠는가?

육체의 힘은 있을 때 쓰면 그만이고 사라지면 미련을 두지 않는 것이 자연의 이치일세. 소년이 유년기를 끝없이 그리워하지 않고, 장년이 청년기를 되돌아보며 슬퍼하지 않는 것과 같지.

인생에는 정해진 과정이 있고 그 과정은 하나의 흐름을 따라 펼쳐지네. 소년기의 연약함, 젊은이의 열정, 장년기의 안정감, 노년의 원숙함. 이 모든 단계는 때가 되면 저마다의 아름다움과 역할을 드러내지. 그러니 각 나이에 맞는 힘을 자연스럽게 받아들이는 것이 현명한 태도일세.

스키피오, 자네도 들었을 걸세. 자네 할아버지의 손님이었던 마시니사누미디아의 왕으로, 노년에도 강건한 체력과 절제된 생활로 유명했다가 지금 90세가 되어 어떤 삶을 살고 있는지를 말일세. 그는 걷기 시작하면 결코 말에 오르지 않고, 말을 타면 다시는 내리지 않으며, 비를 맞아도 추워도 머리를 가리지 않는다고 하네. 몸에는 물기 하나 남지 않은 듯 강건하지. 그 덕분에 그는 지금도 왕의 모든 직무를 완벽히 감당한다네.

이것이 무엇을 말해 주는가? 훈련과 절제가 있다면 노년에도 젊을 때의 힘 가운데 일부는 얼마든지 남아 있다는 증거일세.

노년에는 힘이 없다고들 말하지만, 사실 노년에게는 큰 힘이 요구되지도 않네. 그래서 우리 나이는 법과 제도에서도 자연스럽게 무거운 의무에서 면제되어 있지. 할 수 없는 일은 물론이고, 할 수 있는 일조차 억지로 강요받지 않는 나이라는 뜻이네.

그럼에도 어떤 이들은 노인이 너무 허약해서 아무 역할도 하지 못한다고 말하네. 그러나 그것은 노년의 결함이 아니라 애초의 건강 문제일 뿐일세.

푸블리우스 아프리카누스대스키피오의 두 아들 중 맏이로, 대화 참여자인 스키피오가 그의 양자로 입양되었다의 아들을 떠올려 보게. 그는 노년에 이르기도 전에 이미 병약했네. 만약 그에게 건강이 허락되었다면, 아버지의 위대한 정신에 풍부한 학식이 더해져 나라의 또 다른 빛이 되었을 걸세.

이것이 무엇을 뜻하는가? 병은 젊은이도 피하지 못한다는 사실일세. 그러니 어떤 노인이 허약하다고 해서 그것을 곧바로 '노년의 탓'으로 돌릴 이유는 없지.

그러니 라엘리우스, 스키피오여. 나이 듦에 저항해야 하네. 노년의 결함은 부지런함으로 보상해야 하고, 질병과 싸우듯 나이 듦과도 싸워야 하네.

04

마음의 힘은 나이를 모른다

정신은 결코 늙지 않는다.

Animus numquam senescit.

그러려면 규칙적으로 몸을 움직이고, 회복할 만큼만 먹고 마시되 몸에 넘치지 않게 살아야 하네. 그러나 돌봐야 할 것은 육체만이 아니지. 정신과 마음은 육체보다 훨씬 더 세심하게 보살펴야 하네. 등불에 기름을 채워 넣지 않으면 금세 꺼지듯 정신도 훈련하지 않으면 노년에 쉽게 흐려지기 마련이니까. 육체는 운동하면 피곤해지지만, 정신은 쓸수록 가벼워지고 더 선명해진다네.

카이킬리우스가 말한 “희극 속의 어리석은 노인들”은 경솔하고 방종하며 건망증 많은 사람들을 두고 한 말일세. 그러나 그 결함은 노년의 본성이 아니라 게으르고 마음을 돌보지 않은 삶의 결과일 뿐이지. 젊은 사람이 모두 충동적이지 않듯, 노년에 흔히 보이는 어수선함이나 흐트러짐—사람들이 흔히 ‘노망’이라 부르는 것—도 모든 노인에게 나타나는 현상이 아니라 마음을 다스리지 못한 이들에게서만 드러나는 것이네.

아피우스 클라우디우스를 보게. 그는 늙고 눈이 멀었지만 건장한 아들 넷과 딸 다섯, 큰 집안과 많은 보호민을 누구보다도 굳건히 이끌었지. 그의 정신은 활처럼 팽팽했고, 노년 앞에서 한 치도 굴복하지 않았네. 하인들은 그를 두려워했고, 자식들은 존경했으며, 집안 전체가 그의 위엄을 사랑으로 따랐지. 그의 집에는 오래된 규율과 품격이 살아 숨 쉬고 있었네.

나는 노인다운 점을 지닌 젊은이를 좋아하고, 젊은 감각을 잃지 않은 노인을 진심으로 높이 평가하네. 그런 이들은 육체는 늙어도 정신만큼은 결코 늙지 않지.

지금 나는 《기원》로마 건국부터 카토의 동시대까지 다룬 역사서 제7권을 집필하고 있네. 고대 기록을 모으고 내가 맡았던 변론을 정리하며 점복법과 제사법, 시민법까지 다듬고 있지. 그리스 문학도 여전히 탐독하며 피타고라스학파처럼 매일 저녁 그날 말한 것과 들은 것, 행한 일을 되짚으며 기억을 단련하고 있네.

이 모든 것이 정신의 훈련이며 마음이 달리는 경주로일세. 이런 일들에 몰두하고 있노라면 예전의 강한 체력을 그리워할 겨를도 없지. 나는 친구들을 돕고 원로원에 참석하며 오래 고민한 안건을 직접 제출하면서 육체의 힘이 아니라 정신의 힘으로 삶을 이어 가고 있네.

설령 언젠가 더 이상 몸으로는 아무것도 할 수 없는 날이 온다 해도, 침상에서 그 모든 일을 떠올리며 기쁨을 느낄 수 있을 걸세. 내가 할 수 있는 모든 일은 평생 쌓아 온 습관이 만들어 준 힘이니까.

평생 공부하고 탐구하며 살아온 사람에게 노년은 갑자기 찾아오지 않네. 어느 날 문득 무너지는 것이 아니라 조용히, 거의 느껴지지 않게, 자연스럽게 다가오는 법이지.

3부

나이 들면 즐거움이 사라진다?

감각의 쾌락보다
오래가는 기쁨들

01

쾌락은 줄어도 기쁨은 깊어진다

몸의 쾌락은 덧없이 지나가지만, 마음의 기쁨은 오래 머문다.
Voluptates corporis cito fugiunt, sed gaudia animi permanent.

노년을 향한 세 번째 비난은 이것이네.

"노년은 더 이상 쾌락을 누리지 못한다."

하지만 나는 오히려 이렇게 말하고 싶네. 나이 듦이 우리에게서 '청년기의 가장 위험한 것'을 거두어 간다면 그것은 오히려 나이가 주는 가장 큰 선물이 아닌가?

들어 보게, 훌륭한 젊은이들이여.

내가 젊은 시절 퀸투스 막시무스와 함께 타렌툼에 머물 때 들었던, 타렌툼의 위대하고 뛰어난 인물인 아르키타스피타고라스 학파 철학자이자 수학자, 정치가로 플라톤의 친구의 오래된 연설을 말일세.

아르키타스는 말했지.

"자연이 인간에게 준 모든 것 가운데 육체의 쾌락만큼 치명적인 재앙은 없다."

그 쾌락을 좇는 욕망이 무분별하고 고삐 풀린 말처럼 어디로든 달려들기 때문이라 했네.

그 욕망이야말로 조국의 배신과 공동체의 붕괴, 적과의 불명예스러운 결탁을 낳는 뿌리라고 했지. 욕망이 밀어붙이지 않는 범죄나 악행이 어디 있으며, 간음과 불륜 같은 부끄러운 일들이 쾌락 말고 다른 어떤 유혹에서 비롯될 수 있겠느냐고 말일세.

아르키타스는 또 덧붙였지. 인간에게 신들이 준 최고의 선물은 '이성'이며, 이성과 가장 적대적인 존재가 바로 쾌락이라고.

욕망이 지배하는 곳에는 절제가 들어설 자리가 없고, 쾌락이 다스리는 왕국에는 덕이 뿌리내릴 자리가 없다네.

어떤 사람이 극도의 육체적 쾌락에 잠겨 있다면 그 순간 그는 이성으로 생각하거나 판단하거나, 그 어떤 것도 제대로 파악할 수 없지. 그러므로 쾌락만큼 해롭고 혐오스러운 것은 없으며, 특히 그것이 크고 오래 지속될수록 정신의 빛을 완전히 꺼버린다고 했네.

아르키타스가 이런 이야기를 삼니움의 가이우스 폰티우스 삼니움의 장군으로, 기원전 321년 카우디움 협곡 전투에서 로마군을 포위해 굴욕적인 항복을 받아 냈다와 나누었다고, 우리 집의 손님 네아르코스—로마와 오랫동안 우호를 지킨 인물—가 전해 주었지. 그 자리에는 아테네의 플라톤도 있었고.

내가 왜 이런 이야기를 꺼냈겠는가?

만약 우리가 이성과 지혜로 청년기의 위험한 쾌락을 완전히 제어할 수 없다면 노년에게 감사해야 한다는 뜻일세. 노년은 우리 안에서 '마땅치 않은 욕망'을 자연스레 약하게 만들어 주기 때문이지. 쾌락은 판단력을 흐리고 이성의 적이며, 정신의 눈을 가리는 안개와 같네. 덕과도 아무런 관련이 없지.

나는 내 직분 때문에 어쩔 수 없이, 용감한 티투스 플라미니누스의 동생인 루키우스 플라미니누스를 집정관 임기 7년 뒤에 원로원에서 제명한 적이 있네. 이유는 단 하나, 그의 방탕한 욕망이 공적 명예를 더럽혔기 때문이지. 그는 갈리아에서 집정관으로 있을 때 연회 자리에서 창녀의 요구를 들어주겠다며 사형수 한 사람을 도끼로 치게 했네. 형이 감찰관일 때는 넘어갔지만 내 뒤를 이어 감찰관이 된 플라쿠스기원전 184년 카토와 함께 감찰관을 지냈다와 나는 그런 타락을 모른 척할 수 없었네. 개인의 수치와 공적 권위에 대한 모독이 한곳에 뒤엉켜 있었으니까.

그리고 나는 여러 선배에게서 들은 이야기를 잊지 못하네. 그들도 젊었을 때 더 윗세대에게 들은 이야기라지.

가이우스 파브리키우스가 피로스왕에게 사절로 갔을 때 테살리아의 키네아스피로스왕의 주언자이자 웅변가. 데모스테네스의 제자가 이렇게 말했다고 하더군. "아테네에는 스스로를 현자라 부르는 이철학자 에피쿠로스가 있는데, 모든 행위는 '얼마나 많은 쾌락을 주느냐'로 판단해야 한다고 주장합니다."

이 말을 들은 마니우스 쿠리우스와 티베리우스 코룬카니우스는 이렇게 답했다네. 삼니움 사람들과 피로스가 그 '쾌락의 철학'을 받아들였으면 좋겠다고. 그러면 쾌락에 빠져 훨씬 쉽게 정복될 테니까.

쿠리우스의 훌륭한 친구 푸블리우스 데키우스데키우스 가문은 3대에 걸쳐 'devotio'(자기희생 의식)를 실천한 것으로 전해진다. 기원전 340년 할아버지, 기원전 295년 아버지, 기원전 279년 아들이 모두 전장에서 스스로를 제물로 바쳤다. 이 대목에서는 기원전 295년 센티눔 전투에서 전사한 2세를 가리킨다는 그보다 앞서 네 번째 집정관 임기 중 조국을 위해 스스로 희생했네. 파브리키우스도, 코룬카니우스도 그를 잘 알았네. 그리고 그들은 확신했지. 삶에는 본래부터 고귀하고 아름다운 목적이 있으며, 그 목적은 쾌락을 좇는 데 있지 않고 덕을 따르는 데 있다는 사실을.

02

그리워하지 않는 즐거움

그리워하지 않는 사람은 아무것도 빼앗기지 않는다.
Nihil amittit qui non desiderat.

그렇다면 내가 왜 쾌락 이야기를 이렇게 길게 꺼냈겠는가? 노년을 탓할 이유는커녕 노년에 대한 가장 큰 찬사 가운데 하나는 더 이상 쾌락을 크게 그리워하지 않는다는 점이기 때문일세.

노년에는 성대하게 차린 연회와 넘쳐나는 음식, 자주 오가는 술잔을 예전만큼 누리기 어렵네. 그 대신 취기에 휘둘리지도 않고 소화 불량에 시달리지도 않으며 밤새 뒤척이면서 잠을 설칠 일도 없지.

그리고 하나 더. 우리가 쾌락을 어느 정도는 받아들여야 하고 그 유혹을 완전히 뿌리치기 어려운 존재들이라면, 플라톤이 쾌락을 "악의 미끼"라 《티마이오스(Timaeus)》에서 부른 까닭을 잊으면 안 되겠지. 물고기가 미끼에 걸리듯 사람도 그 쾌락의 순간에 쉽게 붙잡히기 때문일세.

노년은 흥청망청한 연회는 즐기지 못해도 절제된 자리에서는 오히려 깊고 편안한 즐거움을 누릴 수 있네.

나는 소년 시절, 포에니인들을 처음으로 해전에서 무찌른 영웅 마르쿠스의 아들 가이우스 두일리우스 기원전 260년 집정관, 시칠리아의 밀라이 해전에서 카르타고를 물리쳐 로마 최초의 해전 승리를 이끈 장군를 자주 보았네. 그분은 나이가 들어서도 연회에서 돌아올 때면 밀랍 횃불과 피리 소리를 즐기곤 했지. 사적인 인물에게는 드문 예우였으나 그의 공적은 그만큼의 자유를 허락했네.

이제는 내 이야기를 하세.

내게는 늘 함께 삶을 나누는 친구들이 있었지. 내가 재무관이던 시절, 위대한 어머니 여신의 이다이아 제례소아시아의 여신 '키벨레'를 기리는 제례. 프리기아의 이다산에서 숭배되어 '이다이아 제례'라고 불렸다. 카토는 기원전 204년 재무관이었다가 로마에 받아들여지면서 친목회가 조직되었는데, 나는 그들과 함께 연회를 즐기면서도 늘 절제를 잃지 않으려 애썼네. 물론 젊을 때는 어느 정도 열기가 있었지만 나이가 들수록 모든 즐거움이 온화한 기쁨으로 바뀌는 것을 느꼈지.

나는 그 모임에서 음식이나 술이 아닌 얼굴을 마주하고 나누는 대화에서 참된 기쁨을 찾았다네. 우리 선조들은 친구들과의 식사를 '콘비비움(함께 삶)'이라고 불렀지. 식탁이 단순한 먹을거리가 아니라 삶을 나누는 자리라는 뜻일세.

이 점에서 우리는 그리스인들보다 나을지도 모르지. 그들은 어떤 자리는 '심포시온(함께 마심)', 다른 자리는 '신디푸논(함께 먹음)'이라 부르며 가장 사소한 요소를 앞세웠으니까.

나도 절기에 맞는 연회가 좋네. 이제 거의 남지 않은 내 또래들뿐 아니라 자네처럼 젊은이들과 함께하는 자리도 그렇지. 그래서 노년에 더욱 감사하고 있네. 노년은 내게 대화의 즐거움은 더 크게, 음식과 술에 대한 욕심은 더 작게 남겨 주었으니까.

그렇다고 쾌락과 전쟁을 선포한 것은 아니네. 자연이 허락한 만큼의 즐거움은 언제나 좋은 것이지. 그래서 나는 이렇게 생각하네. 노년이 쾌락을 줄인다 해도 쾌락을 완전히 빼앗아 가는 것은 아니다.

선조들이 마련한 '좌장(座長)' 제도로마 연회에서 최고 연장자나 명망 있는 인물이 대화를 이끌고 술의 양을 정하던 관습도 그래서 마음에 드네. 가장 높은 자리에 앉은 이가 먼저 대화를 열고 그 흐름에 따라 자리가 한층 깊어지는 방식 말일세. 크세노폰의 《향연》에서처럼 작은 잔에 천천히 떨어지는 술, 여름날의 서늘한 공기, 겨울날의 햇살과 난로의 온기 또한 충분히 즐겁지 않겠는가. 사비니에서도 나는 이런 삶을 이어 가네. 이웃들과 자주 모이고 다양한 이야기를 나누며 깊은 밤까지 시간을 함께 채우고 있지.

누군가는 말하겠지.

"노인들에게는 젊은이들이 느끼는 그 자극적인 쾌락, 그 간

지럼 같은 것이 없지 않으냐?"

그럴 수도 있네. 하지만 그리워하지 않는 것을 잃는 일은 더 이상 괴로움이 아니지.

소포클레스가 정말 잘 말했네. 누군가 그에게 "지금도 그런 일(성적 쾌락)을 하십니까?" 하고 묻자 그가 이렇게 대답했다네.

"신들이시여, 잘되게 해주소서! 나는 기꺼이 그 거칠고 포악한 주인에게서 벗어났소."

아직 그것들을 다 누리지 못했다고 느끼는 이들에게는 상실이 괴롭겠지. 그러나 충분히 누렸다고 느끼는 이들에게는 더 이상 바라지 않아도 되는 상태 자체가 더 큰 기쁨이 되는 법이네.

그리워하지 않는 사람은 사실 아무것도 잃지 않은 셈이지. 그래서 나는 말하고 싶네. 이 '그리워하지 않음'이야말로 노년이 주는 가장 큰 즐거움이라고.

물론, 어떤 이는 적당한 나이에 그런 쾌락을 여전히 누리고 있을 걸세. 그렇다면 두 가지는 분명하네.

첫째, 그런 쾌락이 인생에서 차지하는 비중은 생각보다 작다는 것.

둘째, 노년이 그 쾌락들에서 멀어지는 듯 보이더라도 전혀 누리지 못하는 것은 아니라는 것이지.

극장 맨 앞줄에서 투르피오 암비비우스 카토 시대의 저명한 희극 배우의 연기를 보면 분명 더 크게 즐겁겠지. 하지만 맨 뒤에서도 나름의 기쁨은 충분히 느끼지 않는가. 마찬가지로 청년은 쾌락을 가까이에서 누리고 노년은 멀찍이서 바라보며 조용히 즐긴다는 차이만 있을 뿐이네.

하지만 자네들, 생각해 보게. 무엇이 더 값진가? 욕망과 야망, 경쟁과 적대감이 만들어 내는 소란을 끝내고 병사가 군 복무를 마친 뒤 스스로에게 돌아오듯 영혼이 자기 안으로 조용히 귀환하는 순간이 아니겠는가?

그리고 그 자리에 학문과 배움의 기쁨이 더해진다면 고요한 노년만큼 풍요로운 시기는 다시 없을 걸세.

우리는 가이우스 갈루스천문학자이자 수학자. 기원전 168년 피드나 전투 전날 월식을 예측하여 로마군의 사기를 높였다가 밤새 별과 하늘을 재듯 연구에 몰두하던 모습을 보았지. 스키피오, 자네 아버지의 친구였네. 밤에 그리던 도표가 어느새 아침 빛에 물들고, 아침부터 시작한 일이 어느새 밤의 어둠에 덮이는 모습을 보고 놀라워하던 그 사람 말일세. 일식과 월식이 언제 일어날지 미리 알려 주며 즐거워하던 그의 모습이 지금도 눈앞에 선하네.

03

오래가는 기쁨의 시간

세월은 육체의 힘을 거두어 가지만, 정신의 기쁨은 오히려 더 깊어진다.
Aetas vires corporis minuit, sed gaudia animi auget.

겉보기에는 가벼운 분야처럼 보이지만 실은 예리한 재능과 집중을 요구하는 작업들은 또 어떠한가.

나이비우스는 《포에니 전쟁》을 쓰며 얼마나 큰 기쁨을 누렸던가. 플라우투스 로마 희극의 대가 역시 《트루쿨렌투스(Truculentus)》와 《프세우돌루스(Pseudolus)》를 집필하며 한없이 즐거워했지. 나는 리비우스그리스 출신으로 로마 문학의 창시자. 역사가 리비우스와는 다른 인물가 무대에 희극을 올리던 모습을 직접 보았네. 내가 태어나기 6년 전 켄토와 투디타누스가 집정관이던 해에 이미 활발히 활동했고, 그는 내 청년기까지도 생생하게 글을 쓰고 연극을 만들었지.

푸블리우스 리키니우스 크라수스가 신관법과 민법 연구에 바친 열정은 또 어떤가. 며칠 전 대신관으로 임명된 푸블리우스 스키피오도 마찬가지네. 이 모든 인물은 나이가 들어서도 학문과 탐구의 불씨가 조금도 식지 않았지. 엔니우스가 '설득의 정수'라 부른 마르쿠스 케테구스도 그러했네. 우리는 그가 나이가 깊어져도 매일 연설을 연습하며 스스로를 단련하던 모습을 똑똑히 기억하고 있지.

그렇다면 연회나 오락처럼 잠시 스쳐 가는 쾌락을, 이처럼 깊고 고요한 정신의 기쁨과 어찌 견줄 수 있겠는가? 학문에서 오는 즐거움은 지혜를 갈망하는 사람의 마음속에서 나이와 함께 자라나는 기쁨이네. 그래서 솔론의 말, "나는 날마다 무언가를 배우며 나이를 더해 간다"가 더욱 진실하게 들리지. 정신이 누리는 이 기쁨보다 더 큰 즐거움이 또 있을까.

이제 농부의 즐거움으로 가보세.

나는 이 즐거움을 믿기 어려울 만큼 사랑한다네. 세월이 쌓여도 흐트러지지 않고 오히려 인간을 더 단단하고 지혜로운 삶으로 이끄는 기쁨이기 때문일세.

농부는 땅과 관계를 맺네. 땅은 명령을 거부하지 않고 받은 것은 언젠가 돌려주지. 때로는 조금 적게, 그러나 대부분은 더 큰 이자를 붙여서 말일세. 내가 사랑하는 것은 단순한 수확이 아니라 땅의 본성과 힘 그 자체일세.

땅은 품을 열어 씨앗을 받아들이고 따스한 기운과 압력으로 그것을 밀어 올려 싹을 틔우지. 이 작은 싹은 뿌리를 따라 곧게 서고 마디마다 튼튼하게 자라 이삭을 내며 스스로를 지키기 위해 까끄라기까지 갖추네.

포도나무의 생애도 아름답지.

덩굴손은 마치 손처럼 지주를 붙잡고 농부는 그것을 가지치기로 다듬어 가장 풍성한 결실을 얻도록 돕네.

봄이 오면 '눈'이라 불리는 마디에서 새 포도송이가 돋아나고

땅의 즙과 햇살을 받아 처음에는 시지만 서서히 달콤해지지. 포도 잎은 뜨거운 태양을 적당히 가리고 온기를 지켜 주는 그늘이 되네. 이보다 더 기쁘고 아름다운 열매가 어디 있겠는가.

내 즐거움은 유용성 때문만이 아니라 경작의 질서와 자연의 법칙을 체험하는 데 있네. 시수의 배열, 결박, 꺾꽂이와 가지치기, 관개, 비옥한 흙을 만드는 파종과 비료까지. 이 모든 과정이 땅을 더 풍요롭게 하지.

농사에 관해 쓴 책《농업에 관하여(De Agricultura)》, 현존하는 가장 오래된 라틴 산문에서도 말했지만 헤시오도스는 경작을 말하면서 비료를 언급하지 않았네. 그러나 호메로스는 내가 보기에 훨씬 더 오래전에 살았던 사람인데도, 라에르테스《오디세이》에 등장하는 오디세우스의 아버지가 아들에 대한 그리움을 달래며 밭을 가꾸고 비료를 더하는 모습을 그렸네.

농사의 즐거움은 밭과 포도밭, 과수원에만 있지 않네. 정원과 가축 떼의 방목, 벌떼와 온갖 꽃들, 접붙이기까지. 농사만큼 정교하고 끝없이 배움을 주는 기술도 드물지.

농사의 즐거움을 끝없이 말할 수 있지만, 이미 말이 길어진 듯하니 이만 줄이겠네. 농사에 대한 애정 때문일세. 나이가 들면 이야기가 많아지기 마련이지. 내가 나이 들어가는 시기의 모든 점을 변호하는 사람처럼 보이지 않기를 바랄 뿐일세.

마니우스 쿠리우스는 삼니움과 사비니, 피로스를 상대로 개선식을 올린 뒤 생의 마지막을 농장에서 보냈지. 나는 그 농장을 바라볼 때마다 절제와 규율을 지킨 그의 삶에 깊이 감탄하네.

그가 화롯가에 앉아 있을 때 삼니움 사람들이 금을 많이 가져왔으나 그는 이렇게 말했다고 하지.

"귀한 것은 금을 갖는 게 아니라 금을 가진 사람들을 다스릴 줄 아는 것이다."

이런 정신을 지닌 사람이 어찌 마음이 메마른 어른의 시기를 보냈겠는가.

이제 다시 농부들의 이야기로 돌아가세.

루키우스 퀸크티우스 신시나투스로마의 전설적 인물. 기원전 458년 자기 밭을 갈고 있을 때 독재관으로 임명되었다. 적을 16일 만에 물리친 후 즉

시 사퇴하고 농장으로 돌아갔다가 쟁기질하다가 독재관 임명 소식을 들었다는 이야기는 잘 알려져 있지. 그의 명을 받은 기병대장 가이우스 세르빌리우스 아할라기원전 439년 기병대장. 곡물을 나눠 주며 민중의 지지를 얻어 왕이 되려던 스푸리우스 마일리우스를 독재관 신시나투스의 명령으로 살해했다는 왕권을 노리던 스푸리우스 마일리우스를 붙잡아 처형했네. 쿠리우스와 많은 어른도 농장에서 원로원으로 불려 갔고, 그래서 농장에서 그들을 불러오던 이들을 '사환'이라 부르게 되었지.

그렇다면 묻겠네.

땅을 일구며 살아가던 이들의 시간이 어찌 비참했겠는가. 내 눈에는 오히려 이보다 더 충만한 삶이 또 있을까 싶네. 농사가 주는 풍요로움, 자연과 신의 질서 속에서 얻는 충족감이 함께하니까. 포도주와 기름, 식량 저장고는 언제나 가득하고 돼지와 염소, 양과 닭, 우유와 치즈, 꿀까지 넘쳐나지. 농부들은 정원을 "제2의 돼지고기"라 부르고 여가의 사냥과 수렵은 이 즐거움을 더욱 풍성하게 하네.

04

어른의 존재가 빛나는 순간

세월이 권위를 주는 것이 아니라 품위 있게 살아온 삶이 권위를 만든다.
Aetas honorem non fert, sed vita honeste acta.

목초지의 푸르름, 나무들의 배열, 포도밭과 올리브 나무가 만들어 내는 풍경을 보게. 무엇을 더 보탤 수 있겠는가. 잘 가꿔진 땅만큼 유용하면서도 아름다운 것이 또 있을까. 그리고 그런 기쁨을 누리는 데 나이가 들었다는 사실은 조금도 방해가 되지 않지. 오히려 우리를 더 깊은 즐거움 속으로 이끄는 듯하네. 이 나이에 따스한 햇볕과 화롯불의 온기, 그늘과 물이 주는 청량함보다 좋은 것이 어디 있겠는가.

그러니 무기와 말, 창과 곤봉, 공놀이와 수영, 달리기 같은 일들은 젊은이들에게 맡겨 두게. 우리가 즐길 수 있는 놀이는 주사위나 윷놀이 정도일 테지. 하지만 그런 것마저 없어도 우리는 충분히 충만할 수 있네.

크세노폰의 글은 여러모로 유익하니 자네들도 계속 읽어 보기를 바라네. 《경제학》에서 그는 농사가 얼마나 고귀한 노동인지, 가산을 다스리는 일이 얼마나 품위 있는 일인지 잘 보여 주지.

그 책에서 소크라테스는 페르시아의 왕 키루스가 리산드로스 스파르타의 장군. 키루스의 친구와 나눈 이야기를 들려주네.

울창하게 가꾼 정원을 본 리산드로스가 감탄하며 말했지.

"저를 감탄하게 하는 것은 부지런함뿐 아니라 이 정원을 설계하고 배열한 솜씨입니다."

그러자 키루스는 이렇게 대답했네.

"이 정원을 설계한 사람이 바로 나요. 이 배열도 내 것이고 이 배치도 내 것이며 나무들 가운데는 내가 직접 심은 것도 많다오."

리산드로스는 키루스의 옷차림과 보석보다 그가 손수 가꾼 그 정신을 더 귀하게 여겼지.

"당신의 덕에 행운이 더해진 것이니 사람들이 당신을 복되다 말하는 것이 옳소."

이런 행운은 노인에게도 허락되네. 농사를 사랑하는 마음, 손으로 가꾸는 기쁨은 생의 마지막까지 이어지는 법이지. 우리는 마르쿠스 발레리우스 코르비누스로마의 전설적 장군이자 정치가. 여섯 차례 집정관을 역임했다가 100세가 넘도록 밭을 가꾸며 살았다는 이야기를 알고 있네. 그의 첫 집정관 임기와 여섯 번째 임기 사이에는 무려 46년이 있었지. 그의 생애 후반은 오히려 중년보다 더 충만했네. 해야 할 일은 줄었지만 그의 위신과 영향력은 더욱 깊어졌으니까.

어른 됨의 정점에는 '권위'가 있다네.

루키우스 카이킬리우스 메텔루스의 권위는 얼마나 컸던가.

아울루스 아틸리우스 칼라티누스제1차 포에니 전쟁의 영웅. 최초로 독재관이 된 평민 출신의 묘비에는 이렇게 새겨져 있지.

이 한 사람을 두고
가장 많은 민족이 뜻을 모아
으뜸가는 사람이라 했다.

무덤에 새겨진 말은 가볍지 않네. 모든 사람의 찬사가 한곳에 모일 때 그 인물의 무게는 부인할 수 없게 되지.

최근의 인물들도 그러하네. 대신관 푸블리우스 크라수스, 그리고 그 뒤를 이은 마르쿠스 레피두스기원전 180·175년 집정관, 기원전 180~152년 대신관 역임, 파울루스와 아프리카누스, 막시무스 같은 사람들 역시 입을 열어 의견을 말하기만 해도 혹은 말없이 고개를 끄덕이기만 해도 그 자체로 권위가 되었지. 그들의 힘은 소리 크기나 직위에서 나오지 않았네. 오랜 시간 스스로를 단련하며 쌓아 온 삶의 무게에서 비롯된 것이었지.

05

존중받는 나이

존중받는 나이는 삶의 품위에서 솟아난다.

Aetas honorata ex dignitate vitae oritur.

겉보기에는 사소하고 흔해 보이지만 바로 이런 것들이 품위 있게 나이 든 삶이 누리는 명예일세. 누군가 먼저 다가와 인사하는 일, 찾아와 주는 일, 길을 비켜 주는 일, 앉은 자리에서 일어나 맞이하는 일, 떠날 때 배웅하는 일, 그리고 다시 찾아오는 일, 여기에 조언을 구하는 일까지. 이 모든 예우는 로마뿐 아니라 도덕적 기풍이 높은 나라일수록 더욱 세심하게 지켜지는 덕목이지.

앞서 이야기한 리산드로스는 스파르타만큼 나이 든 이를 존중하는 곳이 없다고 자주 말했네. 나이에 대한 경의가 그곳에서는 그 어떤 곳보다 분명하고 자연스러운 덕으로 자리 잡고 있으니까. 그 유명한 일화도 있지.

아테네의 극장에 한 어른이 들어섰지만 수많은 관객 가운데 그의 시민들은 누구 하나 자리를 내주지 않았네. 그런데 그가 스파르타 사절단 쪽으로 가자 스파르타인들이 모두 일어나 그를 앉혔다고 하더군.

관객들이 큰 박수를 보내자 스파르타인 가운데 한 사람이 이렇게 말했다지.

"아테네인들은 무엇이 옳은지는 알지만 스스로 행하려 하지는 않는군."

우리 점복관 집단에도 이와 어울리는 관습이 하나 있네. 나이가 많은 점복관이 언제나 발언권에서 우선한다는 것일세. 이 권위는 다른 모든 명예로운 직책보다 앞서지. 그렇다면 생각해 보게.

어떤 육체적 쾌락이, 이렇게 존중받는 나이가 주는 보상과 비교될 수 있겠는가? 이 보상을 온전히 누리는 이는 삶이라는 연극에서 마지막 막까지 품위 있게 역할을 마무리한 배우와 같지. 준비도 없이 무대에서 쓰러지는 서툰 배우와는 전혀 다르네.

그럼에도 흔히 이런 말들이 돌지. 나이 든 사람들은 심술이 많고, 걱정도 많고, 화가 잦고, 까다롭다고. 심지어 인색하다는 말까지 덧붙이는 이들도 있네. 하지만 이 모든 성향은 나이 탓이 아니라 성격 탓일세.

게다가 연륜이 많은 사람에게는 나름의 사정도 있지. 무시당했다고 느끼거나 홀대받는다고 여길 때도 있고 몸이 약해지면 작은 불편에도 마음이 쉽게 흔들리니까. 그러나 좋은 품성과 교양을 지닌 사람에게서는 이런 까다로움조차 점차 부드러워짐을 우리는 여러 사례에서 보아 왔지.

테렌티우스의 《형제》기원전 160년 초연된 희곡. 두 형제의 대조적인 성격과 교육 방식을 다룬 작품를 보게. 형제 가운데 한 사람은 거칠고 다른 한 사람은 놀랄 만큼 온화하지 않은가. 포도주도 시간이 지나면 신맛이 나는 것이 있지만 어떤 포도주는 오히려 더 깊고 부드러워지지. 사람 또한 그렇네. 나이가 들어도 성품이 거칠어지지 않는다면 그만큼 그 사람이 걸어온 삶이 반듯했다는 뜻일세.

그리고 인색함이라는 비난에 대해서는 솔직히 말해 나는 쉽게 납득하지 못하겠네. 남은 여정이 더 짧아지는데 짐을 늘리는 것처럼 어리석은 일이 어디 있겠는가?

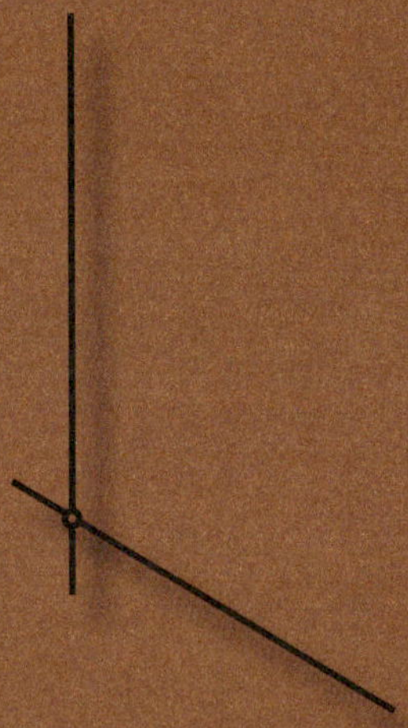

4부

나이 들면 죽음이 가까워 두렵다?

자연의 질서와
삶의 완성에 대한 이해

01

죽음은 삶의 질서 안에 있다

죽음은 자연의 법칙이니, 두려워할 것이 아니다.
Mors naturae lex est; timenda non est.

네 번째 이유가 남았네. 사람들이 노년을 두려워하는 가장 큰 까닭으로 흔히 드는 것, 바로 죽음이 가까워졌다는 생각일세. 물론 나이 들수록 죽음과의 거리가 조금씩 좁혀지는 것은 부정할 수 없는 사실이네.

하지만 오래 살고도 죽음이 두려워할 이유가 아니라는 사실을 끝내 깨닫지 못했다면, 그 삶이야말로 오히려 더 비참하지 않겠는가.

죽음은 결국 두 가지 가운데 하나일 뿐일세. 영혼이 완전히 소멸한다면 더는 근심할 것도 없고, 어딘가 다른 곳으로 가 오래 머무는 것이라면 오히려 기꺼이 맞이해야 할 일이겠지. 이 두 경우 외에 다른 가능성은 없네.

그렇다면 죽음은 불행일 수 없거나 어쩌면 축복일 수도 있는 일이 아니겠는가.

제나가 젊은이라고 해서 오늘 저녁까지 반드시 살아 있을 거라고 장담할 수 있는 사람은 없네. 병은 젊은이를 더 자주, 더 거세게 덮치고 회복도 더디기 마련이지. 그래서 많은 이가 어른의 시간을 누려 보지도 못한 채 세상을 떠나지 않나.

만약 모든 사람이 오래 살았다면 세상은 지금보다 훨씬 더 신중하고 지혜로운 사람들로 가득 차 있을 걸세. 그러니 죽음이 가깝다는 사실이 노년의 약점일 수는 없네. 죽음은 모든 세대에게 늘 가까이 있는 손님일 뿐이지.

스키피오, 자네는 장래가 촉망되던 두 형제의 죽음을 통해,

나는 기대를 걸었던 아들기원전 152년 법무관으로 당선되었으나 그해 또는 다음 해 사망했다. 카토보다 먼저 죽었다의 죽음을 통해 죽음이 어느 나이에도 예고 없이 찾아온다는 사실을 깊이 배웠네.

젊은이는 '오래 살 것'을 바라지만 노인에게는 이미 오래 살아온 시간 자체가 성취가 되지. 젊은이가 바라던 것을 이미 이룬 셈이니 그 점에서는 오히려 더 나은 자리에 서 있는 것이네.

세상에서 영원히 지속되는 것은 아무것도 없지. 아무리 긴 시간도 끝이 있는 한 결국 짧아지는 법이네. 이를 생각하면 삶의 길이는 그리 중요하지 않다는 사실을 자연스럽게 깨닫게 되지.

타르테소스스페인 남부 과달키비르강 유역에 있었던 고대 문명의 왕 아르간토니우스헤로도토스도 기록한 전설적인 장수 왕는 80년 동안 나라를 다스렸고 120년을 살았다고 전해지지. 그러나 그렇게 긴 생애도 마지막에 이르면 결국 하나의 끝일 뿐이네. 그렇다면 무엇이 남는가? 우리가 살아 있는 동안 행했던 선한 행동, 올바른 선택, 그리고 덕으로 쌓아 올린 것들뿐일세.

날과 달과 해는 흘러가고 지나간 시간은 다시 손에 넣을 수 없으며 앞으로 어떤 시간이 주어질지도 아무도 모른다네. 그러니 지혜로운 사람은 자기에게 주어진 시간 그 자체에 만족할 줄 알아야 하네.

배우는 관객을 기쁘게 하기 위해 연극을 끝까지 해낼 필요는 없네. 어느 막에 있든 인정만 받으면 되지. 우리도 인생이라는 무대에서 자신에게 맡겨진 장면을 충분히 살아냈다면 그 자체로 족한 법이네.

살아온 시간이 길든 짧든 진실되고 아름답게 살기에는 이미 충분한 시간이 주어져 있었지.

설령 시간이 더 이어진다 해도 농부가 봄에서 여름으로, 여름에서 가을로 계절이 바뀌는 것을 슬퍼하지 않는 것처럼 우리 또한 자연의 질서를 슬퍼할 이유는 없네. 봄은 청년기를 드러내며 다가올 열매들을 약속하고 나머지 계절들은 그 열매를 거두는 데 알맞은 때일 뿐이지.

노년의 열매는, 내가 자주 말했듯, 지금까지 살아오며 얻은 좋은 것들을 되돌아볼 수 있는 기억의 풍요일세. 자연의 흐름을 따르는 일은 언제나 선하게 여겨야 하네. 그래서 노인이 세상을 떠나는 일만큼 자연스러운 이별도 없지. 반대로 너무 이른 나이에 그런 일을 겪으면 마치 자연이 그 순간을 거부하며 저항하는 듯 보이지 않겠는가.

젊은이의 죽음은 내게 세찬 물줄기에 갑자기 꺼져 버리는 불꽃처럼 보이네. 그러나 나이를 다 채운 이의 죽음은 다르지. 더 이상 장작을 얹지 않아도 스스로 잦아들며 꺼지는 불처럼 고요하네.

나무의 열매도 마찬가지일세. 덜 익은 과일은 가지에서 억지로 떨어뜨려야 하지만 충분히 익은 열매는 제때 스스로 떨어지는 법이지. 젊은이에게서 죽음은 힘이 생명을 빼앗아 가는 일이지만 노인에게서 죽음은 성숙함이 마지막 걸음을 안내하는 일과 같네.

그리고 이 성숙함은 내게 참으로 큰 기쁨이네. 죽음에 가까워질수록 먼바다의 항해를 끝내고 마침내 고향의 육지가 눈앞에 나타나는 듯한 안도와 평안이 밀려오네. 오래 떠돌던 배가 마침내 맞이하는 조용한 항구처럼 말일세.

02

죽음을 넘어선 영혼

죽음은 정신의 소멸이 아니라 육체에서 벗어난 정신이 본래의 자리로 돌아가는 일이다.
Mors non est animī exstinctiō, sed ē corpore solūtī reditus ad sedem suam.

노년에는 정해진 기한이 없네. 그 시기를 온전히 살아낸다는 것은 자기에게 맡겨진 역할을 끝까지 감당하며 죽음을 두려움이 아니라 담대함으로 마주하는 일일세. 그런 점에서 보면 노년은 오히려 청년기보다 더 강인한 때가 되기도 하지. 솔론이 폭군 페이시스트라토스 아테네의 폭군. 기원전 546년부터 아테네를 통치했으며, 솔론과 대립했다의 위협 앞에서도 조금도 흔들리지 않으며 "나의 담대함은 나이에서 오는 것이오"라고 말한 것도 바로 같은 뜻일세.

삶의 가장 좋은 마무리는 이렇다네. 정신이 또렷하고 마음이 평온한 가운데 자연이 빚어낸 이 삶이라는 작품을 자연의 힘으로 천천히 내려놓는 것. 배나 집을 지은 사람이 그것을 가장 수월하게 허물 수 있듯 우리 몸을 만든 것도 자연이니 그 해체 또한 자연에게 맡기는 것이지. 새로 지은 건물은 쉽게 무너지지 않지만 오래되어 제 수명을 다한 것은 작은 충격에도 자연스레 허물어지네.

그러니 주어진 생을 탐욕스럽게 붙들어 매서도 안 되고 아무 이유 없이 가볍게 던져서도 안 되네.

그래서 피타고라스는 이렇게 말했지. "지휘관이신 신의 명령 없이 우리가 맡은 보초 근무를 떠나면 안 된다." 이는 자기 생을 스스로 끊어서는 안 된다는 뜻일세.

솔론의 묘비에는 "나의 죽음이 친구들의 통곡으로만 채워지길 바란다"라는 문장이 새겨져 있다지. 그렇다고 그가 죽음을 가볍게 여긴 것은 아니었네. 다만 자신이 사랑받았다는 사실만 남기를 바랐던 것이지. 이 점에서는 엔니우스의 태도가 더 담대해 보이기도 하네.

> 누구도 나를 눈물로 장식하지 말라.
> 울음으로 내 장례를 치르지 말라.

그에게는 죽음을 넘어서는 영혼의 삶이 선명했으니까.

죽음의 찰나에는 약간의 감각과 고통이 느껴질지도 모르네. 하지만 그건 아주 짧은 순간일 뿐이지. 그 이후의 일은 두 가지 가운데 하나일세. 감각이 없다면 괴로움도 없을 것이고, 감각이 있다면 새로운 삶을 기대해 볼 만하지 않겠는가.

그래서 죽음을 두려워하지 않는 연습은 젊을 때부터 시작해야 하네. 늘 죽음을 두려워하며 산다면 그 마음이 어찌 평안할 수 있겠는가. 우리는 언제든 죽음을 맞을 수 있는 존재인데 말일세.

나는 굳이 많은 철학적 논증을 끌어올 필요는 없다고 생각하네. 우리의 역사만 돌아봐도 충분하니까.

조국을 위해 생을 내놓은 루키우스 브루투스로마 공화정의 창시자. 왕정을 무너뜨리고 초대 집정관이 되었으나 왕정복고를 시도한 아들들을 처형하고 전투에서 전사했다, 스스로 목숨을 던져 적진으로 돌진한 데키우스 부자, 약속을 지키기 위해 고문받을 자리로 되돌아간 아틸리우스제1차 포에니 전쟁 당시 카르타고에 포로로 잡혔으나 로마로 돌아가 불리한 평화 조약을 거부하라고 설득한 뒤 약속대로 카르타고로 돌아가 고문당해 죽었다, 자기 몸으로 포에니인의 진격을 막아선 두 스키피오, 동료의 실책을 죽음으로 감당한 파울루스, 가장 잔혹한 적조차 그의 장례를 빼앗지 못했던 마르켈루스제2차 포에니 전쟁의 영웅. 시라쿠사를 함락시켰으나 기원전 208년 한니발과의 전투에서 전사. 한니발이 그의 시신을 정중히 장례했다까지.

우리 군단의 젊은 병사들조차 돌아오지 못할 전장으로 담대히 나아갔네. 그런데도 배움을 쌓은 현명한 노인들이 죽음을 두려워해야 한다는 말인가?

결국 내 생각은 이렇네. 모든 배움은 그 자체로 삶의 충족이며 완성이네. 유년기에는 유년기의 배움이 있고 청년기에는 청년기의 탐구가 있지. 장년이 되면 젊은 시절의 열정을 다시 찾지 않으며 노년에는 또 그 시기에 맞는 새로운 배움이 있네. 그리고 그 배움들도 어느 순간 자연스럽게 물러나지. 그때가 바로 삶이 충분히 채워졌다는 신호일세.

죽음은 그 완성의 마지막 단계, 곧 '때에 맞는 성숙'으로 다가오는 것이지.

이제 솔직히 말하자면 나는 죽음에 대해 숨길 생각이 없네. 노년의 시간이 깊어질수록 죽음이 더는 두려움이 아니라 저 멀리서 밝아오는 고향의 불빛처럼 느껴지기 때문이지.

나는 스키피오의 아버지들, 자네와 나의 오래된 동료들, 그리고 물질보다 정신을 더 크게 살았던 이들이 지금도 참된 삶을 살고 있다고 믿네. 이 땅에서의 삶보다 더 자유롭고 더 선명한 곳에서 말일세.

우리가 육체에 붙들려 있는 동안 정신은 마치 감옥에 갇힌 듯 의무를 다하지. 그러나 나는 신들이 인간에게 영혼을 준 이유가 있다고 믿네. 세상을 살피고 하늘의 질서를 배우며 그 조화를 삶에 옮기게 하려는 뜻 말일세. 나를 이렇게 믿도록 이끈 것은 이성과 논증만이 아니라 위대한 철학자들의 명성과 권위이기도 하네.

피타고라스와 그의 학파 사람들—한때 '이탈리아 철학자들'이라 불리며 거의 우리 이웃처럼 지내던 이들—은 영혼이 보편적인 신적 정신에서 갈라져 나왔다고 굳게 믿었네. 그들에게 영혼은 육체보다 먼저 존재했고 신적인 성질을 나누어 가진 존재였지.

여기에 더해 아폴론의 신탁이 '가장 지혜로운 사람'으로 판정한 소크라테스가 생의 마지막 날까지 논했던 것도 바로 영혼의 불멸이었네. 그의 담담한 논증은 지금도 내 귀에 생생히 남아 있지.

그렇다면 더 무엇을 말하겠나. 나는 이렇게 확신하네. 우리 정신의 본성은 죽음과 함께 사라질 수 있는 것이 아니라고. 정신이 지닌 민첩함, 과거를 기억하고 미래를 내다보는 능력, 무수한 기술과 학문을 창조해 내는 힘, 그 모든 사유와 발견을 담아내는 그릇 같은 본성…. 이런 존재가 어찌 한순간에 소멸할 수 있겠는가?

정신은 언제나 스스로 움직이네. 그 운동은 바깥에서 강제된 것이 아니라 정신 자체에서 비롯된 것이지. 스스로 움직이는 것은 멈추지 않으며 자기 자신을 버리지 않는 한 끝날 수 없네. 게다가 정신의 본성은 단순하고 순수해서 다른 것과 뒤섞이지 않고 나뉘지도 않지. 나뉠 수 없는 것은 사라질 수도 없네. 내게는 이런 점 또한 중요한 증거로 보이네.

사람들은 마치 태어나기 전부터 이미 많은 것을 알고 있었던 듯 보인다는 사실도 그렇지 않은가. 아이들이 어렵고 복잡한 기술을 배울 때 놀라울 만큼 빠르게 익히는 모습을 보면, 그것이 처음 받아들이는 것이 아니라 이미 알고 있던 것을 다시 기억해 내는 것처럼 보이지 않나? 이것이 바로 플라톤이 말한 '회상'《파이돈》에서. 아이들이 빠르게 배우는 이유를 보여 주는 근거로 인용된다의 원리이며 영혼이 몸보다 오래된 존재라는 그의 견해일세.

03

죽음은 파국이 아닌 전환이다

죽음은 끝이 아니라 삶이 다른 모습으로 계속되는 길이다.
Mors non finis est, sed via ad vitam aliam.

크세노폰의 책《키루스 교육론》, 키루스의 임종 연설이 실려 있다에는 키루스가 죽음을 앞두고 이렇게 말하는 장면이 나오네.

> 가장 사랑하는 아들들아, 내가 너희 곁을 떠난다고 해서 내가 어디에도 존재하지 않게 된다거나 아무것도 아닌 존재로 사라진다고 생각하지 마라.

너희가 나와 함께 살던 때에도 내 정신을 눈으로 본 적은 없었지. 그러나 내가 한 일들을 보고 내 안에 어떤 정신이 깃들었는지는 알고 있었을 것이다.
그러니 이제 나를 더 이상 볼 수 없다 해도 그 정신은 여전히 존재한다고 믿어라.

뛰어난 사람들의 명성이 죽은 뒤에도 오래 남는 데에는 분명한 이유가 있다. 그들의 정신이 후세가 기억할 만한 업적을 남기지 않았다면 그 이름이 그렇게 오래 이어질 리 없지.
나는 정신이 죽을 육체 안에 있을 때만 살아 있고 육체에서 벗어나면 사라진다고는 도저히 믿을 수 없다. 오히려 정신은 무지한 육체에서 풀려날 때 비로소 자유로워진다고 생각한다. 육체의 뒤섞임에서 벗어나 순수한 자기 자신이 될 때 그때야말로 정신은 가장 밝고 지혜로운 상태에 이른다. 플라톤의 영혼 불멸 사상. 영혼은 육체에서 독립된 존재이며 죽음 뒤에도 지속된다는 견해다.
사람의 몸이 죽음으로 해체될 때 육체를 이루던 것들은 각자 제자리로 되돌아간다. 모든 것이 생겨난 곳으로 돌아가는 것이지. 그러나 정신만은 살아 있을 때도 떠날 때도 눈에 보이지 않는다.

잠만큼 죽음과 닮은 것이 또 어디 있느냐?
잠든 사람의 정신이야말로 가장 신성한 모습을 드러낸다. 육체의 긴장이 풀리고 자유로워지면 정신은 미래의 일들을 미리 내다보기도 한다.고대에서는 꿈속에서 미래를 미리 본다고 여겼으며 이를 정신의 신적 기능으로 이해했다. 그렇다면 육체에서 완전히 벗어났을 때 정신이 얼마나 더 멀리, 더 밝게 볼 수 있을지 너희도 짐작할 수 있을 것이다.
그러니 만약 모든 것이 정말 이와 같다면 내가 죽은 뒤에는 나를 신을 대하듯 공경하라. 반대로, 만약 정신이 육체와 함께 소멸한다 하더라도 너희는 이 세계를 다스리는 신들을 경외하고 우리 집안의 기억을 경건하게 지켜 나가라.

키루스는 이렇게 말하고 생을 마무리했네. 이제 우리 이야기로 돌아와 보세.

스키피오여, 나는 이 점만큼은 단언할 수 있네. 어느 누구도 내게 다른 생각을 주입할 수는 없다고.

자네의 아버지 파울루스, 두 할아버지인 파울루스와 아프리카누스, 그 윗대의 조상들, 그리고 셀 수 없이 많은 뛰어난 이들이 후세의 기억 속에 남기 위해 그토록 힘겨운 일을 감당했다는 사실은, 그들 스스로 영혼이 미래와 이어져 있음을 믿지 않았다면 도무지 설명될 수 없지 않겠는가?

나 역시 젊은 시절부터 낮과 밤을 가리지 않고 맡은 바 의무를 다해 살아왔네. 만약 내 생명이 끝나는 순간 내 명예와 영광도 함께 사라질 운명이었다면 굳이 그 모든 수고를 짊어질 까닭이 있었겠는가? 차라리 고요하고 평온한 삶을 택했을 테지.

그러나 내 정신은 언제나 나 자신을 더 높은 곳으로 밀어 올렸네. 늘 다음 세대를 바라보며 마치 이 삶이 끝난 뒤에야 비로소 '진짜 삶'이 시작되는 것처럼 느꼈기 때문이지.

정신이 불멸하지 않다면 가장 훌륭한 이들의 마음이 어찌 그토록 불멸성과 영광을 향해 뜨겁게 달려갔겠는가?

04

마지막 단계, 삶의 완성

노년은 쇠퇴가 아니라, 삶이 완성되는 마지막 장면이다.
Senectus non defectus est, sed consummatio vitae.

가장 지혜로운 사람은 가장 평온한 마음으로 죽음을 받아들이고, 가장 어리석은 사람은 가장 불안한 마음으로 죽음을 맞이한다는 사실이 자명하지 않은가.

먼 곳까지 내다보는 정신은 자신이 더 나은 자리로 옮겨가고 있음을 보지만 시야가 흐린 정신은 그 길을 보지 못하네.

나는 자네들의 아버지들—내가 깊이 존경하고 사랑했던 두

분—을 다시 만날 생각에 마음이 설레네. 내가 직접 알고 지냈던 이들뿐 아니라, 들었고 읽었고 기록까지 남겨 두었던 인물들 역시 마찬가지일세. 그곳으로 향하려는 나의 걸음을 무엇이 되돌릴 수 있겠는가? 펠리아스그리스 신화에서 이아손의 숙부. 메데이아의 계략으로 '다시 젊어질 수 있다'는 약속을 믿고 죽음을 맞은 인물의 이야기처럼 다시 젊게 만들어 보내 줄 수도 없는 노릇이지.

설령 어떤 신이 지금 이 나이에서 갓난아이로 돌아가 요람에서 다시 울어 보라고 허락한다 해도 나는 단호히 거절하겠네. 경주를 마친 주자가 다시 출발선으로 돌아가길 바라지 않듯 말일세.

삶에 진정 좋은 것이 무엇인가? 오히려 수고가 없는 순간이 무엇인가를 묻게 되지 않는가. 삶이 주는 기쁨이 있다 해도 그 기쁨에는 한계와 충족의 시점이 분명하네. 그러나 나는 살아온 세월을 경멸하지도 후회하지도 않네. 헛되이 태어나지 않도록 살아왔으니까.

그래서 나는 삶을 떠날 때 집을 떠나는 것이 아니라 여인숙을 떠나듯 떠나고자 하네. 자연은 우리에게 영원히 머물 '집'을 준 것이 아니라 잠시 머무는 '숙소'를 내어 주었을 뿐이니까.

오, 빛나는 날이여! 내가 신적인 정신들의 모임으로 나아가 이 혼탁한 삶의 소음과 탁류에서 벗어나는 그날이여!

나는 앞서 말한 인물들뿐 아니라 내 아들 카토에게도 나아갈 것이네. 그보다 더 훌륭하고 경건한 사람은 없었지. 나는 그의 육신을 화장했지만—사실은 그가 내 마지막을 지켜 주었어야 했는데— 그의 정신만은 나를 떠나지 않았네. 마치 내가 걸어갈 길을 그가 먼저 건너가 나를 기다리고 있는 것처럼 말일세.

사람들은 내가 그 불행을 용기로 견뎠다고 말하지만, 나는 담대해서가 아니라 이별이 오래가지 않을 것이라는 생각으로 나 자신을 달랬을 뿐이네.

그래서 스키피오, 자네와 라엘리우스가 말한 대로 내게 나이 듦은 결코 무겁지 않네. 괴로움이 아니라 오히려 기쁨이지.

그리고 만약 내가 인간의 정신이 불멸하다는 점에서 잘못을 범하고 있다면 나는 기꺼이 그 잘못을 감수하겠네. 이 믿음이 주는 기쁨을 살아 있는 동안 빼앗기고 싶지 않으니까. 죽은 뒤 아무것도 느끼지 못한다면 저세상에서 누가 나의 오류를 비웃어도 나는 두렵지 않네.

설령 우리가 불멸하지 않더라도 자연이 정한 때에 이르러 소멸하는 것은 마땅하네. 삶도 다른 모든 것처럼 자기만의 한계를 지니니까.

노년은 나이가 다한 상태가 아니라 삶이 완성되는 무대의 마지막 장면일세. 이미 충분히 누린 뒤라면 그 피로함이 찾아올 때 조용히 물러나는 것 또한 자연의 질서지.

이상이, 나라는 사람이 '나이 드는 법'에 관해 하고 싶은 말의 전부일세.

자네들도 이 시기에 이르러 오늘 들은 이 말을 스스로의 삶으로 증명해 주기를 바라네.

이 책에 대하여

- 작품 해설과 시대 배경

1. 키케로의 삶이 흔들리던 시기, 한 권의 대화가 쓰이다

이 책은 키케로 인생이 가장 불안정하던 시기에 쓰였다. 정치적으로는 공화정의 붕괴가 가시화되던 때였고 개인적으로는 가까운 이들이 잇따라 세상을 떠나며 삶의 기반이 흔들리던 시기였다. 그는 활동적인 정치가였지만 말년에 들어서면서 '어떻게 나이 들 것인가'라는 문제 앞에서 그 누구보다 진지해졌다. 이 작품은 바로 그 질문—그리고 그 질문을 견디기 위해 필요한 언어—에서 태어났다.

그는 이 글을 오랜 벗 아티쿠스에게 편지를 건네듯 바쳤다. 아티쿠스는 로마의 저명한 재정가이자 지식인이었고 키케로의 삶에서 정신적 지주에 가까운 인물이었다. 그에게 이 글을 건넸다는 사실은 이 작품이 단순한 철학서가 아니라 '우정에 기대어 삶을 다시 붙드는 기록'임을 보여 준다.

2. 왜 카토라는 인물을 선택했는가

이 책에서 말하는 이는 '카토 마이오르(Cato Maior)'다. 카토는 실제 로마 공화정의 정치가로 검소함·절제·성실함의 상징처럼 여겨진 인물이었다. 키케로는 노년을 논하면서 가장 설득력 있는 '화자(말하는 사람)'를 세우고자 했다. 그래서 로마인들이 깊이 존경해 온 노(老)정치가를 가상의 대화 속 화자로 선택했다.

카토는 실제로도 고령까지 공적 삶에 참여한 인물로 기억되었고 강한 신념과 흔들림 없는 생활 태도로 경탄을 받았다. 키케로가 자신이 아닌 이전 세대의 인물을 통해 노년을 말하게 한 것은 개인적 성찰을 보편의 목소리로 확장하는 장치이자 대화의 설득력을 높이기 위한 선택이었다.

3. 왜 '대화 형식'을 택했는가

이 작품은 철학 논문이나 교훈집이 아니라 대화(dialogue) 형식을 따른다. 이는 플라톤 이래 지식인들이 즐겨 사용한 방식으로 질문과 답변이 오가며 생각이 자연스럽게 전개되도록 돕는 구조다. 키케로는 추상적인 개념을 일방적으로 설명하기보다 대화를 통해 독자가 스스로 결론에 이르도록 이끈다.

스키피오와 라엘리우스가 질문을 던지고 카토가 답하는 방식은 간결하면서도 생동감이 있다. 독자는 대화의 참여자가 되어 나이 듦에 대한 편견이 하나씩 반박되는 과정을 따라가게 된다. 즉, 이 책은 '가르치는 글'이라기보다 '함께 생각하게 하는 글'에 가깝다.

4. 고대 로마의 노년관을 엿볼 수 있는 텍스트

로마 사회에서 노년은 단순한 연령 개념이 아니라 덕을 쌓고 지혜를 깊게 하는 시기로 이해했다. 노인의 발언권이 높았고 공적·사적 영역 모두에서 일정한 권위를 인정받았다. 그러나 동시에 군사적 능력과 육체적 힘, 생산성을 중시하는 사회였기에 노년에 대한 불안과 인식의 갈등도 존재했다.

키케로는 이 긴장 사이에서 노년을 '다른 형태의 능력과 역할이 드러나는 시기'로 설명한다. 그는 노년의 약점을 부정하지 않는다. 대신 그 약점이 열어 주는 또 다른 강점—경험, 판단, 절제, 권위—에 시선을 옮긴다.

5. 스토아와 플라톤의 영향을 품은 작품

이 책은 특정 철학 학파의 교리를 그대로 옮긴 글은 아니다. 그러나 스토아 철학과 플라톤 철학의 영향이 분명히 스며 있다.

- **스토아적 요소:** 절제(temperantia), 자연(φύσις)의 질서에 따르는 태도, 각자에게 주어진 역할과 의무의 윤리
- **플라톤적 요소:** 영혼의 불멸, 죽음을 '파국'이 아니라 '전환'으로 보는 관점

키케로는 어느 한 학파의 문장에 머물기보다 자신의 정치적 경험과 폭넓은 독서를 바탕으로 실용적이고 인간적인 철학을 제시한다. 그래서 이 글에는 관념적 주장보다 삶과 맞닿은 예시와 조언이 자주 등장한다. 독자는 '철학의 결론'보다 먼저 '삶의 태도'를 만나게 된다.

6. '나이 듦'을 둘러싼 고대와 현대의 접점

고대 로마의 노년은 오늘날보다 훨씬 짧고 가혹한 시간이었지

만 이 작품을 읽다 보면 놀랍게도 우리가 느끼는 불안과 크게 다르지 않다는 사실을 깨닫게 된다.

역할을 잃을까 두려워하고, 몸의 변화를 불안해하며, 즐거움이 줄어드는 것을 아쉬워하고, 죽음을 피하고 싶은 마음—이 감정들은 시대를 넘어 반복되어 왔다.

키케로가 특별한 점은 이 불안들을 회피하지 않는다는 데 있다. 그는 노년을 이상화하지도, 청년기의 연장으로 꾸미지도 않는다. 대신 나이 듦을 다른 능력과 다른 가치가 드러나는 시기로 다시 정의한다. 육체의 중심에서 물러나는 대신 정신과 판단, 절제와 책임이 삶의 중심으로 이동하는 시간이라는 것이다.

이 담담하고 절제된 시선은 오늘의 독자에게도 유효하다. 우리는 카토의 목소리를 통해 '무엇을 잃는가'보다 '어떤 방식으로 살아갈 것인가'를 다시 묻게 된다. 그렇게 이 책은 노년을 두려움의 대상이 아니라 삶의 방향을 정돈하는 또 하나의 단계로 바라보게 만든다.

7. 왜 지금 이 작품을 다시 읽는가

이처럼 이 책이 다루는 질문들은 고대의 것이지만 그 울림은 놀라울 만큼 현재적이다. 오늘날 우리는 이전 세대보다 훨씬 오래 살게 되었지만 아이러니하게도 나이 듦을 대하는 불안은 더 커졌다. 역할은 빠르게 소진되고 몸의 변화는 곧바로 경쟁력의 상실로 해석되며 즐거움마저 효율과 성과의 기준으로 재단된다. 노년은 더 이상 자연스러운 이행의 시간이 아니라 대비해야 할 위험처럼 여겨지기도 한다.

이럴 때 키케로의 이 짧은 대화는 다른 방향을 제시한다. 그는 노년을 '무엇을 더 해야 살아남는 시기'로 그리지 않는다. 대신 '무엇을 내려놓고 무엇을 더 깊이 붙들 것인가'를 묻는다. 줄어드는 것에 집착하기보다 남아 있는 능력과 새롭게 드러나는 가치에 시선을 돌리게 만든다.

그래서 이 책은 노년을 '축소'가 아니라 '전환'으로, '끝'이 아니라 '완성으로 가는 과정'으로 읽게 한다. 《어른의 시간 — 키케로, 품위 있게 나이 드는 법》이라는 제목은 바로 이 지점을 겨냥한다. 우리는 이 책을 통해 나이 듦을 연습한다. 두려움을 앞세우지 않고 서두르지 않으며 자기 삶의 속도로 다음 장면을 살아가는 연습 말이다.

카토의 말은 어느 한 문장으로 요약되기보다 각자의 삶 속에서 다른 속도로 남는다. 어떤 이는 역할에 대해, 어떤 이는 기쁨에 대해, 또 어떤 이는 죽음을 대하는 태도에 대해 오래 생각하게 될지도 모른다. 이 책을 덮는 지금, 노년은 더 이상 막연한 끝이 아니라 스스로의 방식으로 완성해 가야 할 시간으로 남는다. 삶은 여전히 진행 중이고 그 다음 장면 또한 이미 시작되고 있다.

_ Loeb Classical Library(1923년, W. A. Falconer)
서문을 바탕으로 재구성함.

옮긴이 신형태

고려대학교 철학과를 졸업했다. 사람과 사회, 언어의 관계에 관심을 두고 사유를 일상의 언어로 옮기는 작업을 해 왔다. 지은 책으로《우리가 지켜낸 헌법》이 있다.

품위 있게 나이 드는 법
어른의 시간

초판 1쇄 펴낸날 2026년 2월 2일
지은이 마르쿠스 툴리우스 키케로 **옮긴이** 신형태
펴낸이 신지원 **펴낸곳** 도서출판 지식여행
책임편집 김민아 **디자인** 네모점빵
출판등록 제2021-000133호
주소 서울시 마포구 토정로 222 한국출판콘텐츠센터 304호
전화 02-333-1122 **팩스** 02-6455-8189 **이메일** editor@jisikyh.com
인쇄·제본 한국학술정보(주)
ISBN 978-89-6109-571-6 (04190)

* 책값은 뒤표지에 적혀 있습니다.
* 잘못 만들어진 책은 구입하신 서점에서 바꾸어 드립니다.